Paul-Josef Raue

Der Domprediger

KLARTEXT

Ein Prediger soll Zähne im Maul haben,
beißen und salzen und jedermann die Wahrheit sagen.
Martin Luther

Paul-Josef Raue

Der Domprediger

Ein Gespräch mit Joachim Hempel
über Gott und die Welt,
über Luther, Braunschweig und
die Menschen

Edition Braunschweiger Zeitung Band 9

Titelabbildung:
Joachim Hempel auf der Kanzel im Braunschweiger Dom
Foto: Thomas Ammerpohl

1. Auflage Juni 2014

Satz und Gestaltung:
Klartext Medienwerkstatt GmbH, Essen

Umschlaggestaltung:
Volker Pecher, Essen

Druck und Bindung:
Drukkerij Wilco B.V., Amersfoort (NL)

ISBN 978-3-8375-1279-3

www.klartext-verlag.de

Inhalt

Die bekanntesten Braunschweiger sind nicht der Oberbürgermeister oder der Bischof oder der Zeitungschef. Die kommen und gehen – und verlassen meist nach dem Abschied die Stadt, in der sie Karriere gemacht haben. Die bekanntesten Braunschweiger sind zwei, die mit Okerwasser getauft wurden, die Weltbürger eigener Art sind und die in Braunschweig bleiben:

> *Eckhard Schimpf, lange Jahre stellvertretender Chefredakteur der* Braunschweiger Zeitung, *Autor des Wörterbuchs »Klinterklaters«, des meistverkauften Braunschweig-Buchs, und vieler Auto-Bücher, in denen die Leidenschaft des ehemaligen Rennfahrers zu spüren ist. Schimpf, ein Freund des VW-Patriarchen Piëch, besucht die Landfrauen in Schöningen so gerne wie die Kontinente und Städte, in denen Grand-Prix-Rennen starten; er kennt Detroit, Tokio und Genf mit ihren gigantischen Auto-Salons und -Messen, er kennt die Antarktis und andere unwirtliche Orte, in denen Erlkönige getestet werden.*
> *Domprediger Joachim Hempel ist in einem Schimpf ähnlich: So sehr er die Stadt und ihre Menschen mag, so spürt er doch die Enge und büxt regelmäßig zu seinen Studienreisen aus.*

Eckhard Schimpf schrieb das Porträt »Unser Mann im Dom« im Frühjahr 1997 in der Braunschweiger Zeitung. *Auch wenn seitdem viel Wasser die Oker heruntergeflossen ist, eröffnet es – da immer noch gültig – dieses Buch.*

Eckhard Schimpf

Unser Mann im Dom

Durch die kantige, goldumrandete »Unternehmer-Brille« beobachten wissende, grüne Augen, die hinter die Dinge zu sehen scheinen. Der Mann mit dem stattlichen grauen Bart strahlt Ruhe aus, wie jemand mit beliebig viel Zeit. Aber genug Zeit hat Joachim Hempel, der Domprediger, nun wirklich nicht.

Eckhard Schimpf

Er ist oft 14 Stunden am Tag im Trab: Tauf- und Traugespräche, Besuche im Krankenhaus und bei Gemeindemitgliedern, die tägliche 17-Uhr-Andacht, Samstagsgebet und Sonntagsgottesdienst. »Das läppert sich«, sagt Hempel, und man hört am Tonfall: Hier redet ein gebürtiger Braunschweiger, einer, der mit Okerwasser getauft ist.

Der Blick aus dem Pfarramtsfenster, vor dem ein Computer flimmert, zeigt formatfüllend die Rogensteinquader des Doms, der hier noch viel mächtiger scheint, als er ohnehin ist. »800 Jahre Geschichte – wenn ich da hingucke, relativiert sich manches, was hier als Problem auf dem Tisch liegt«, sagt der 48-Jährige, der seit 1992 Prediger in St. Blasii ist, der stolzen Kirche Heinrichs des Löwen.

Hempel ist ein Mann, dem man zuhört in dieser Stadt. Und er glänzt als begabter Werbemanager für die evangelische Kirche, ähnlich wie Propst Armin Kraft, sein Vorgänger im Dom. Die Grenze zum leichtgewichtigen Show-Mann zu wahren ist schwer. Hempel gelingt dieser Drahtseilakt. Mit Redlichkeit, Verlässlichkeit und Humor, der nicht aufgesetzt, sondern bodenständig ist und »Döneken« schätzt und pflegt. Das mögen die Menschen. Der Lohn: Nicht nur Sympathie und guter Besuch im Dom, sondern auch der »Orden wider den pastörlichen Ernst«.

Aber es gibt auch Dinge, die schmerzen. »Ich mache mir keine Sorgen um den grundsätzlichen Bestand der Kirche, aber ich sorge mich, weil sich Art und Weise unseres Engagements ändern werden.« Der Grund sind die vielen Kirchenaustritte aus Steuergründen. Hempel: »Die Menschen verabschieden sich damit aus einer Solidargemeinschaft, die Jahrhunderte bestand. Wer mehr hatte, gab ab. Aber nun heißt es: Was habe ich persönlich davon? Man ist nicht gegen Gott oder Religion, man will schlicht mehr Geld für sich selbst haben.«

Das wird Konsequenzen haben. Und der Tag ist nicht mehr fern, da über zusätzliche Steuern all das wieder hereingeholt werden muss, was die Menschen – es sind meist die Wohlhabenden – nicht mehr zahlen wollen. »Die Braunschweiger mögen ihre herrlichen Kirchen und zeigen sie stolz dem Besuch von außerhalb. Aber wir brauchen für den Unterhalt der Bauten enormes Geld. Und dann die anderen Dinge: Allein 90 Kindergärten im Braunschweiger Land werden von uns getragen. Da wird viel für die Allgemeinheit wegfallen.«

Doch Joachim Hempel ist keiner, der aufgibt. Und er sieht im Internet-Zeitalter, das die Vereinsamung fördert, auch Chancen. »Kirche ist live, ist direkte Kommunikation, Gespräch von Mensch zu Mensch.« Das ist unser Trumpf für die Zukunft.

Paul-Josef Raue

Hempel eben!

Editorial

Jeder Mensch hat eine existenzielle Erfahrung, die einen Riss in seine Seele reißt – auch wenn viele ihn nicht mehr spüren unter der Last oder Langeweile ihres Alltags. Joachim Hempels Seele riss vor vierzig Jahren, als er – ein braunschweigischer Vikar in Äthiopien – über das Hochland des afrikanischen Landes fährt und verhungernde Kinder ihm begegnen.

Er hält ein kleines Kind auf seinem Arm – schmächtig, ausgezehrt. Es hat keine Chance zu überleben, es atmet nur noch schwer. Joachim Hempel stellt sich die Frage, die ihn sein Leben lang begleitet: »Wann wird diesem Kind Gerechtigkeit widerfahren?« Dahinter steht die noch größere Frage: »Was ist der Mensch? Was fügt er seiner Schwester, seinem Bruder zu?«

Wer sich diese Frage zuerst auf dem äthiopischen Hochland stellt und nicht bei Orgelmusik im Braunschweiger Dom, der hat schon seinen Hochmut verloren – diese westliche Hybris, die ihre satte Erfahrung vom Leben zum Maßstab erhebt. Was kann einen Pfarrer noch erschüttern, der in Afrika sein pastorales Urerlebnis hatte? Riddagshausen, wo die Leute ihn mit »Tach auch« begrüßten? Die Pressestelle der Landeskirche, in der Gott die Bürokratie erfunden hat? Der Dom, in dem er schön predigen kann, aber sich fragt: Verstehen es die, die ich meine?

»Es gibt solche und solche, und es gibt die Gesprenkelten«, pflegt Joachim Hempel zu sagen und schmunzelt dabei dieses typische hempelsche Schmunzeln. Das verwirrt nicht nur Bischöfe und Oberbürgermeister, sondern auch solche, die lieber einen frommen Prediger hätten als einen, der unentwegt fragt und Tacheles redet.

Der Domprediger spricht, wie die Propheten aus dem Alten Testament sprachen, deren Worte hart klingen, manchmal unversöhnlich, aber immer klar. Warum, so darf man schon fragen, ist Hempel als Prediger so einsam in einer Kirche, an deren Beginn Luthers Wortgewalt stand? »Unsinniger, wütender Tyrann, der sich voll Teufel gefressen und gesoffen hat und stinkt wie ein Teufelsdreck«, so sprach Luther über den Herzog Heinrich von Braunschweig.

Der Domprediger liebt seine Stadt und mischt sich gerne in ihre Angelegenheiten ein: Wäre er nicht auch ein guter Oberbürgermeister geworden? Reden kann er und zuhören (was manchem Mächtigen schwer fällt), auch repräsentieren, selbst mit Geld kann er umgehen, was dem Dom gut bekommt und der Landeskirche.

Doch bei aller Liebe zu Braunschweig: Des Dompredigers Perspektive ist eine, die von den Grenzen unserer Kultur auf diese Stadt blickt. Von Oman und Sansibar und Armenien aus sieht man genauer. Er kennt wie wenige die Welt unserer Kultur, Abendland und Morgenland. Er kennt Wüsten und Oasen – und er mag den Glanz der Religionen, aller Religionen.

Aber er fragt auch: Warum schenken die Religionen Gott mehr Respekt, Gold und Weihrauch als den Menschen? Da ist sie wieder, Hempels Frage, die in seine Seele riss, als er das sterbende Kind in seinen Armen hielt: Was ist der Mensch?

Des Dompredigers große Fragen und die kleineren des Alltags sind die Themen dieses Buchs ebenso wie der Lauf durch das Leben Joachim Hempels: Wie wird einer so einzigartig? Wo sind seine Wurzeln? Wie viel von dem Erfolg ist eigenes Geschick? Wie viel Zufall oder Glück oder das Geschenk anderer? Wie viel ist Gottes Gnade?

Wir haben uns über sechs Stunden im April 2014 unterhalten: Daraus ist dieses Buch entstanden zum Abschied des Dompredigers aus seinem Amt Ende Juni. Die professionellen Regeln des Journalismus liegen zugrunde: Joachim Hempel hat seine Sätze autorisiert. Alles andere wie Gliederung, Fragen, Anordnung und Anhang liegen in der Verantwortung des Autors.

Während der Endredaktion des Buches flog der Domprediger nach Jerusalem. BZ-Chefredakteur Armin Maus begleitete ihn und schickte mir eine Nachricht aus Bethlehem: »Große Eindrücke. Hempel eben!«

Bisweilen reichen zwei Worte, um einen Menschen zu bewundern: »Hempel eben!« Mit diesem Respekt – »Hempel eben« – ist das Interview geführt worden und dieses Buch entstanden.

1. Wenn die Glocken läuten, hat alles andere zu warten

Der Kernsatz in Joachim Hempels Leben ist: »Freiheit ist für mich entscheidend!« So ist der Braunschweiger Dom der Ort seines Lebens mit den offenen Türen, durch die jeder gehen kann – ohne fürchten zu müssen, missioniert zu werden. Die beste Zeit für den Domprediger ist der Abend um fünf, wenn er alles stehen und liegen lässt, um zur täglichen Predigt auf die Kanzel zu gehen. Wer sich frei fühlt, eckt schneller an – auch bei den Amtsbrüdern, die ihm bisweilen nachsagen: »Hempel spinnt mal wieder!« Der Domprediger weist auf die große gesellschaftliche Bedeutung der Kirchen hin – und zunehmend der Religionen, besonders nach dem Terrorangriff des 11. Septembers.

Wie sieht sich der Domprediger selber? Ein schwieriger Mensch – das sei vorausgesetzt.
Ja, der bin ich, und ich weiß auch warum: Ich gehe einen eigenen Weg in dieser Kirche. Dass ich ihn gehen kann, dafür bin ich dankbar; und dass ich ihn in dieser Kirche gehen wollte, hat mit meinem Verständnis von Freiheit zu tun; dieses Verständnis hat mit Luther zu tun, der die Freiheit im Glauben wieder entdeckt hat. Freiheit ist für mich entscheidend, verantwortete Freiheit.

Sie leben aber unter Pfarrern und in einer Kirche, in der viele nicht Ihren Freiheitswillen haben, sondern lieber einen vorgezeichneten Weg gehen wollen.
Das mag sein, das ist aber nicht mein Problem; doch, das gebe ich zu, es ist das Problem unserer Kirche in unserer Gesellschaft. Ich ging meinen Weg, der sich schon im Studium abzeichnete und der mich in mein Auslandsvikariat nach Äthiopien führte – weil ich mich nicht nur am »Mainstream« orientierte.

Ich habe in Riddagshausen und als Pressesprecher der Landeskirche den Wert von Öffentlichkeit entdeckt: Du kannst noch so gute Arbeit machen, wenn die Menschen davon nichts erfahren, erreichst du nur einen kleinen Kreis von Gleichgesinnten. Stellen Sie sich mal vor: Zur Abendandacht kommen gerade mal zehn Leute – dann wäre der Dom wie tot. Am Sonntag bei der Predigt dreißig Leute? Das wäre eine Katastrophe.

Wenn ein Pastor Domprediger wird, hat er gar keine andere Wahl, als seine öffentliche Wirksamkeit zu erhöhen und zu schulen; der öffentlichen Wortverkündigung muss die Lust an Öffentlichkeit auf dem Fuß folgen.

Pfarrer werden wie Beamte bezahlt, ob sie vor zehn Leuten predigen oder vor tausend Zuhörern.

Wollen Sie wirklich, dass nach »Einschaltquote« bezahlt wird? Volles Gehalt bei tausend Besuchern, nur ein halbes Gehalt bei hundert? Nein, ich will nicht abhängig sein von der Abstimmung mit den Füßen, ich will mich nicht abhängig machen vom Beifall: Wer in die Hände klatscht, will im gegenteiligen Fall auch pfeifen. Das meine ich, wenn ich von Freiheit spreche: Ich bin auf die Bibel verpflichtet und auf das lutherische Bekenntnis. Gott verlangt etwas von mir, nicht eine zufällige Mehrheit. Deshalb schätze ich meine Freiheit, schätze ich eine Freiheit, die es nicht oft gibt in dieser Welt. Ich mag meine Freiheit und schöpfe sie aus, reichlich sogar – das ist keine Frage des »Gefällt das oder nicht«.

Erst war Ihnen das Dorf zu eng, dann das Landeskirchenamt zu bürokratisch. Warum sind Sie eigentlich Domprediger geworden?

Weil ich gefragt worden bin. Mein Amt als Pressesprecher war von vornherein begrenzt auf fünf Jahre, der Bischof ging in den Ruhestand, und er fragte mich: Trauen Sie sich zu, Domprediger zu werden – nach den wichtigen Vorgängern im Amt? Bei den anderen beiden Bewerbern sah er nicht das Durchsetzungs- und Durchhalte-Vermögen. Ich traute mich.

In allen Stellen blieben Sie immer nur eine Zeitspanne lang. Am Dom predigen Sie seit 22 Jahren – das ist wie eine kleine Ewigkeit. Ist »Domprediger« Ihr Amt? Ihre Berufung?

Ja, zumal ich in einer fast fünf Jahrhunderte währenden Tradition stehe. Ich habe das Amt von vielen Predigern zuvor übernommen und werde es einer Dompredigerin übergeben. Um diese Tradition weiß ich, und dies relativiert die Bedeutung, die viele gerne mir und meinem Amt zuschreiben.

Während wir dieses Gespräch führen, schauen wir aus meinem Büro auf die Steine des Doms – die so seit Jahrhunderten dieselben sind und sich selbst durch Kriege und Bomben nicht wesentlich erschüttern ließen. Das erdet einen Domprediger.

Gehen wir durch den Dom! Der siebenarmige Leuchter, wie durch ein Wunder im Krieg gerettet, ist immer noch derselbe. Das Imervard-Kreuz von 1150 ist immer noch da. Am Grab Heinrichs des Löwen und Mathildes lege ich in diesem Jahr – wie in jedem Jahr – rote Rosen nieder. Wie gesagt: Das erdet einen Domprediger.

Aber Sie predigen nicht zu den Steinen, nicht zu Mathilde, Sie predigen zu den Menschen unserer Zeit.

Genau diese Spannung macht die Arbeit am Dom so aufregend, schon über zwei Jahrzehnte hinweg. Der Dom ist nicht nur eine Sehenswürdigkeit für Touristen, die ihn zu Zigtausenden besuchen wie eine Art Welterbe, er ist eine Alltagskirche. Hier treffen sich Fröhliche und Traurige, Hartz IV-Empfänger und Millionäre, Gläubige, Zweifler und Gottferne.

Ich bin meinen beiden Vorgängern Adolf Quast und Armin Kraft dankbar, dass sie die Hofkirche für die Menschen geöffnet und sie in eine Alltags- und Festtagskirche im Herzen der Stadt verwandelt haben. So habe ich einen der schönsten Arbeitsplätze in dieser Stadt.

Ihre Vorgänger haben den Dom geöffnet. Sie halten ihn offen. Kann jeder kommen – ohne Sorge haben zu müssen: Die wollen dich nur bekehren, auf ihre Seite ziehen?

Wer in den Dom kommt, muss merken: Du kannst eintreten, ohne dass gleich einer etwas von dir will. Der Dom, das ist ein offener Platz, in den kannst du einfach mal gucken und sitzen: Da bleibst du mal. Wenn dir irgendetwas gefällt, kommst du vielleicht auch wieder.

Wir müssen viel bieten, damit die Menschen kommen und bleiben und fragen. Es kann nicht sein, dass beispielsweise am Sonntagnachmittag nichts los ist in der Kirche – weil ein Pastor keine Lust zu arbeiten, weil er am Vormittag schon gearbeitet hat. Das geht gar nicht.

Du brauchst Angebote für Schläfer, für Wache, für früh, für spät, für Jung, für Alt – und auch für Nichtgläubige. Wenn ich mehr Zeit hätte, würde ich noch einmal auf die Idee kommen, einen Kurs für Glaubensanfänger zu machen. Ob der erfolgreich wäre, kann ich nicht beurteilen.

Ich stehe für eine offene Kirche, auch was die Formen angeht. Ich kann hochkirchlich, das macht

Der Dom ist eine offene Kirche: 2006 verkaufen Landfrauen und Kirchenvorsteherinnen selbstgebackenes Brot zum Erntedankfest. Der Domprediger hilft.

mir auch Spaß. Aber ich kann auch im Rollkragen-Pullover und brauche keine besondere Form.

Sie stehen sieben Mal in der Woche auf der Kanzel. Werden Sie nicht manchmal müde?

In der Tat ist die Kanzel für mich alltäglich geworden. Aber müde? Nein. Wenn die Glocken kurz vor fünf läuten, dann hat alles andere zu warten: Telefone wie Menschen, Akten wie E-Mails.

Der Domprediger, auf der Kanzel, mit Armin Kraft, der zweimal sein Vorgänger war: als Pfarrer in Riddagshausen und als Domprediger. Die beiden probieren 2011 die neue Kanzel für den Dom aus – ein »Predigtstuhl« mit Kanzelstab des Kölner Künstlers Helmut Moos, die zwölf Stämme Israels symbolisierend.

Die Braunschweiger lieben Sie, vielleicht Ihre Worte und Ihre Sprachkunst mehr als den Menschen. Wie lange haben Sie trainiert, um ein solch begnadeter Prediger zu werden?
Es ist wahrscheinlich mehr eine Gnade, eine Begabung, aber vor allem ist es Praxis und Übung und Respekt vor den Menschen – und: der Botschaft verpflichtet, keine Menschenscheu. Es reicht nicht, von einem Stück Papier ein paar Sätze vorzulesen – wie wir das oft bei Festrednern erleben, die im Grunde durch ihre Langweiligkeit und Teilnahmslosigkeit die Zuhörer behelligen.

Die lieben Kollegen sahen und sehen Sie nicht nur freundlich an. Vor fünfzehn Jahren hat Sie ein Amtsbruder sogar in einer Büttenrede karikiert:

Ein Pastor traut dem andern nicht.
Ein jeder meint, er sei der Star
Und wirklich wunderbar.
Die andern lässt man grade gelten,
jedoch dazwischen liegen Welten.
Auch ist ein jeder furchtbar wild
Auf einen Zeitungsartikel mit Bild.

Eine Büttenrede halt, dazu gab's zur Versöhnung eine schöne pastorale Handpuppe! Der Amtsbruder meint, er redet über mich, aber er redete über sich. Ich habe immer versucht, und das würde ich bis heute so sehen: Ich habe ein kollegiales Verhältnis zu meinen Mitbrüdern und -schwestern. Interessanterweise habe ich mit allen, mit denen ich direkt zusammengearbeitet habe, nie große Probleme gehabt.

Es gibt einen Hempel, der ist ganz anders, als diese Büttenpredigt oder anderes belegen will. Deswegen mag ich diesen Spruch von Ödon von Horvath: »Eigentlich bin ich ganz anders – ich komme nur so selten dazu.«

»Hempel spinnt mal wieder«, zitierte einmal die BZ-Redakteurin Helga Diestelmann einen Amtsbruder. Das ist eines der ersten Zitate, die von Ihnen in der Braunschweiger Zeitung auftauchten. Tat so ein Verriss weh?
Ja, natürlich, das verletzt, das soll auch verletzen, das ist gar keine Frage. Aber da ich die Kollegen nach einer Weile kannte, wartete ich geradezu auf solche Kommentare. Nun kann ich nichts dafür, dass der liebe Gott mir ein gerüttelt Maß an Kreativität, Spontanität und Phantasie mitgegeben hat. Das ist Lust und manchmal auch Last. Ich fing auch irgendwann an, unter dem, wenn man das so sagen kann, medialen Erfolg zu leiden.

Auch da, wo ich spinnerte Ideen hatte wie beim »Kirchenschlaf«, hatte ich immer einen inhaltlichen Bezug. Ich bin nie durch die Gegend gelaufen und habe gesagt: Ich war jetzt zehn Wochen nicht in der Zeitung – jetzt muss ich mir irgendwas Blödes einfallen lassen. Wer ein bisschen objektiv ist, der wird das auch bestätigen. Was ich auch gemacht habe, war immer Mittel für einen Zweck; der Zweck hatte immer mit der Sache der Kirche zu tun. Es war ein Vorteil, dass ich eine Entwicklung in den Medien früh gesehen habe: Präsentation von Themen durch Personen.

Auf der anderen Seite hat es mir auch Kritik eingebracht: Wie oft bin ich auf der Titelseite der *Braunschweiger Zeitung* gewesen, zwischen Eintracht Braunschweig und den Oberbürgermeistern! Das hängt mit Kontakten zusammen, die du erst einmal gewinnen musst; das hängt auch damit zusammen, dass sich die *Braunschweiger Zeitung* wesentlich verändert hat.

Mittlerweile schreiben in der Zeitung Journalisten, die entdeckt haben, dass Religion mehr ist als ein privates Kämmerchen-Theater, dass Kirche eine große gesellschaftliche Bedeutung hat. Diese Diskussion ist nicht zuletzt nach dem 11. September und den Auseinandersetzungen mit dem Islam entstanden.

Übertreiben Sie nicht ein wenig: Die Kirche und eine große gesellschaftliche Bedeutung – in einer Gesellschaft, die sich weitgehend als säkular begreift? Würden Sie auch gegenüber dem Oberbürgermeister, der großen säkularen Macht in der Stadt, ihre Bedeutung so herausstellen?
Natürlich erzähle ich das dem Oberbürgermeister, der unsere gesellschaftliche Bedeutung bis heute nicht erkennbar würdigt. Er weiß gar nicht, was für Pfunde er hat mit den Kirchen in dieser Stadt; die Stadt sieht uns vor allem sozial-diakonisch als Kindergarten- oder Sozialstations-Betreiber.

Eigentlich sind wir diejenigen, die dafür sorgen, dass diese Gesellschaft im Innersten nicht implodiert. Das haben viele Bedeutungsträger immer noch nicht verstanden. Das kritisiere ich auch nach wie vor heftig. Die Politik begreift nicht wirklich, was es bedeutet, die Kräfte zu unterstützen, die jenseits von tagesaktuellen Problemen dafür sorgen, dass eine Gesellschaft nicht – wie in der Ukraine oder anderswo – auseinanderfliegt.

Sie sprachen den 11. September an. Hat der Terroranschlag auf das World-Trade-Center in Manhattan auch unsere Gesellschaft stark verändert?
»Nine Eleven« hat Religion wieder auf die Tagesordnung gesetzt, und zwar ganz oben. »Nine Eleven« hat uns deutlich gemacht: Wir leben längst, obwohl wir es

gar nicht erkannt haben, in einer Gesellschaft, in der unterschiedliche Religionen, Wertvorstellungen und Wertmaßstäbe eine Rolle spielen. Während wir noch darüber gejammert haben, dass der Einfluss des Christentums und der Kirche abnimmt, hat sich parallel dazu eine Religion bei uns etabliert mit ganz eigener Art und Weise, die wir gar nicht zur Kenntnis genommen haben. Wir haben die türkischen und anderen muslimischen Zuwanderer jahrzehntelang nur als Gemüsehändler und Straßenkehrer gesehen. Oder die Serben oder die Bosnier, Kroaten – wir haben gar nicht zur Kenntnis genommen, dass sie ihre Kultur, ihre ganz eigene Kultur mitbringen.

Wir jammerten und forderten: »Die müssen die deutsche Leitkultur übernehmen!« Das ist dummes Zeug. Fahren Sie mal nach Namibia und fragen mal die Deutschen, die dort leben: »Was ist die namibianische Leitkultur? Habt Ihr die übernommen?« Die antworten: »Unser Beitrag ist, dass wir als Deutsche in Namibia unser Leben und unsere Traditionen, unsere Sprache pflegen, mit deutschen Gottesdiensten, Schulen, Bäckereien und Kneipen.« Aber dass sich eine andere Kultur bei uns in Kreuzberg und auch in Braunschweig so entwickelt, das finden wir überraschend und erstaunlich.

Der Islam hat sich auf die deutsche Tagesordnung gesetzt; und die anfängliche Hilflosigkeit im Umgang mit dem Koran und dem Islam war in den Medien deutlich abgebildet, die plötzlich nach »Religions-Experten« suchten. Wir reden in unserer Gesellschaft wieder viel offener und intensiver über Religion – zur Überraschung vieler, die meinten, sich in einer säkularen Welt eingerichtet zu haben.

Dokumentation
Ein »Wort zum Alltag« (von Joachim Hempel)

Der Friede auf Erden

Wenn einer Sterne sieht, dann hat er entweder ordentlich eins auf die Nase oder an den Kopf bekommen – so ähnlich wie beim Boxkampf, wenn einer k.o. geht; oder aber er hat einen oder mehrere über den Durst getrunken, dann »hagelt es sogar Sterne«.

Wenn wir im Advent Sterne sehen, sind diese nicht gemeint, und auch die Leoniden und anderes am Firmament nicht, wie schön es den winterlichen Abendhimmel auch schmücken mag. Wenn wir im Advent Sterne sehen, sind die zahllos aufgetauchten gemeint, die nur an den einen erinnern, den Stern von Bethlehem. Auf diesen Stern schauen heißt die Geschichte erinnern, auf die er weist und die er mild beleuchtet. Auf diesen Stern schauen heißt auf Gottes Wort hören und »die Geschichte sehen, die da geschehen ist, die der Herr uns kundgetan hat« (Lukas-Evangelium 2).

Da hat dann menschliches Reden Pause; das ist übrigens schon die halbe Miete bei der berühmten Frage, wie denn diese Zeit »besinnlich« sein könne angesichts all der gezündeten Vorweihnachts-Turbos: Wo menschliches Reden mal Pause hat, gibt's Zeit zur Besinnung.

Der Stern erinnert an den Kern der himmlischen Rede: »Ehre sei Gott in der Höhe und Friede auf Erden bei den Menschen.« Das rückt vieles zurecht, was sich an Wichtigkeiten das ganze Jahr über in unserem Alltag wichtig tut. Mensch, bedenke, du bist Geschöpf, du hast dein Leben nicht selbst gemacht, es ist dir von Gott geschenkt durch deine Eltern. Nun trage deinen Teil zum Frieden auf Erden bei, ob in Braunschweig, Ölper, Hondelage oder wo auch immer du gerade bist.

Denn auch das haben wir ja durch die 2000 Jahre, seit der Stern erschien, gelernt: Frieden, das ist nur bedingt etwas von Verträgen; Frieden, das ist vor allem etwas von Herz und Sinn, Verstand, Willen und Tat. Wenn ich das will: Ich habe die Fähigkeit dazu. Denn immer noch sind Menschen – trotz aller gegenteiligen Erfahrungen – in der Lage, einander zum Segen zu werden.

2. Der Domprediger: Weißt du, wie viel Sternlein stehen?

»Mir wird bange, dass das Evangelium verdunstet«, sagt der Domprediger und denkt über die Liturgie nach, über Farbe in der Kirche, seinen schwarzen Talar und das bunte Papageientheater der Katholiken. Predigten schreibt der Domprediger mit der Hand und mit Luther und Paulus im Kopf: Geh raus zu den Leuten! – Die drei großen Themen des Predigers: »Weißt du, wie viel Sternlein stehen«, Wahrheit, Lüge und Krieg – und die Ehrfurcht.

Sie mögen Weihrauch und Maria und Farben in der Kirche. Manche nennen Sie den katholischen Lutheraner, der nur Rom nicht mag.
Dieser Ruf, der nicht rufschädigend ist, ist den ökumenischen Kontakten geschuldet, die ich gerne pflege. Ich habe von den orientalischen Kirchen gelernt und von der anglikanischen. Ich muss ehrlich sagen: Ich war die Zeit leid, wo ich mir jeden Sonntag den Gottesdienst-Ablauf selber zusammengestellt habe aus allen möglichen Versatzstücken. Zum guten Ende bin ich dabei gelandet, dass ein liturgisches Gerüst notwendig ist, dass es ein Kyrie geben muss, ein Gloria und ein »Vater unser«; zum guten Ende ging ich zu den Wurzeln zurück und lernte die Heilige Liturgie des Johannes Chrysostomos schätzen.

Womit Luther auch kein Problem hatte.
Nein, überhaupt nicht. Aber es muss für die Menschen, die in die Kirche kommen, nachvollziehbar bleiben, und es muss verstehbar sein. Auf der anderen Seite ist die protestantische Kirche dringend darauf angewiesen, dem gesprochenen Wort nicht nur das musizierte Wort, sondern auch das Bildhafte und das Symbolische an die Seite zu stellen – sonst haben wir keine Chance.

Da kommt beispielsweise die Frage auf: Was ist der Palmsonntag? Er fällt eigentlich nicht weiter auf, weil bei uns jeder Sonntag äußerlich gleich aussieht. Ziehen wir an diesem Sonntag mit Palmenwedeln und Esel in einer Prozession zum Dom, kommen sogar die Medien, und die Kinder der Domsingschule haben was zu erzählen vom Palmsonntag. Der NDR machte kürzlich eine Umfrage zu

Palmsonntag: Er war im Wissen der Befragten so was von weg, dass mir jedenfalls bange wird, dass das Evangelium verdunstet.

Sie mögen auch Farbe in der Kirche, aber ziehen am liebsten doch das große Schwarze an. Ist Schwarz nicht lebensfeindlich, triste und langweilig?
Das ist schon richtig. Aber ich finde, der Talar mit dem Beffchen steht dem Prediger gut ebenso wie die Halskrause. »Wir sind eine Kirche der Texte und nicht der Textilien«, zitiere ich gerne meinen früheren Landesbischof Gerhard Müller. Schlechte Predigten werden nicht dadurch besser, dass Kollegen sich bunte Stolen umhängen.

Die römisch-katholische Kirche sieht das auch ehrlich: Walter Kardinal Kasper besuchte den Dom und hatte beim Umsteigen von Alitalia seinen Koffer mit seinem Kardinalsgewand unterwegs eingebüßt, weil das Gepäck nicht umgeladen war. Der Fahrer von Bischof Homeyer musste nach Hildesheim sausen und aus dem Kleiderschrank dort etwas Passendes besorgen.

Da musste ich doch fragen: »Herr Kardinal, das ist doch kein Kardinals-Rot.« Er erwiderte: »Meinen Sie, dass das im abendlichen Dom überhaupt einer merkt?« Dann hat er noch einen drauf gesetzt und gesagt: »Mal ehrlich: Unser buntes Papageientheater hilft uns in den wichtigen Fragen von heute auch nicht wirklich weiter.«

Wenn ich in England unter diesen bunt gekleideten Kollegen der Anglikanischen Kirche mit meinem schwarzen Talar und der Halskrause auftrete, bin ich der Andere, der Besondere. Also: Ich glaube nicht, dass die Farben und die Gewänder eine entscheidende Rolle spielen. Ich würde auch andere Gewänder tragen, wenn ich anders aufgewachsen wäre oder in einer anderen Kirche.

Sie kompensieren die Farblosigkeit der Gewänder durch die Sprache: Sie packen Farbe in die Wörter, Sie malen Sprachbilder ohne Ende. Warum tun sich Ihre Brüder und Schwestern im Amte so schwer? Warum sind viele, zu viele Predigten so langweilig, unverständlich, trostlos?
Erstens weiß ich nicht, ob sie alle so schlecht sind. Zweitens gehen in der Tat manche fahrlässig mit der Sprache um, geradezu schludrig mit Formulierungen und drittens fahrlässig mit der Rhetorik. Wer Pastor ist und predigt, muss die Sprache schätzen als unser entscheidendes Medium der Verkündigung.

Wie bereiten Sie Ihre Predigten vor? Oder gehen Sie auf die Kanzel, halten Ihre Predigt frei, eben aus dem Bauch heraus?

Ich bin nach wie vor ein Handarbeiter. Ich schreibe meine Predigten noch mit der Hand – weil es durch die Hand muss. Das bedeutet auch: Da wird gestrichen und neu formuliert und vielleicht auch ein Blatt zur Seite geknüllt; manchmal fange ich auch noch mal von vorne an.

Nach meiner Einschätzung wird der Bibeltext malträtiert, indem man viel zu viel Wert auf die Formulierungen legt, die in der Bibel stehen. Ich muss mich der Freiheit öffnen, die die Formulierungen in mir auslösen: Sie führen mir Bilder vor Augen, es ist – wie wir früher lernten – ein meditativer Umgang mit der Bibel. Wir lernten noch, nach den griechischen oder hebräischen Worten im Original zu schauen. Wir mussten die Bedeutung der Worte wirklich erfassen: Dieser Zwischenschritt beim Schreiben der Predigt fehlt bei vielen heute. Auch ist das Internet mit seinen dauernd zur Verfügung stehenden Versatzstücken eine Gefahr, die zu fahrlässigem Umgang mit dem eigenen Sprachvermögen führt: Die Bilderwelt der Bibel verbindet sich in mir nicht mehr mit meiner Bilderwelt. Da liegt was im Argen.

Vielleicht trauen die Kollegen der Predigt auch zu wenig zu, weil die Hörerschaft so gering ist.

Aber je langweiliger die Predigt, umso weniger kommen.
Das ist wohl so.

Luther hat uns ein großes Geschenk gemacht: die deutsche Sprache – so kraftvoll, so bilderreich, so mutig, dass heute noch jeder Pastor und Politiker und auch Journalist von ihm lernen kann. Warum lassen wir sein Geschenk so achtlos liegen?
Wir müssen ehrlicherweise sagen, Luther – das ist nun auch schon 500 Jahre her; auch Luther bedarf einer historisch-kritischen Betrachtung. Trotzdem kann man bei ihm genau dies lernen: Setz die biblischen Texte in farbige Sprache um! Dazu musst du natürlich selbstbewusst genug sein, um das wirklich auch zu versuchen. Es nützt nichts, nur Luther zu zitieren oder einfach nur nachzureden oder mit Versatzstücken zu arbeiten.

Predigen ist Arbeit. Wenn ich an der Predigt nicht mehr arbeite, dann ist es vorbei. Dann verschwindet das Format, dann kommt statt einer Predigt eine Lesung heraus oder ein Vortrag oder irgendwas; aber es ist nicht mehr das, dass der biblische Text durch dich selbst und durch deine eigene Biografie geht. Das ist ja auch Luther. Luther hat nie unter Absehen seiner eigenen Person geredet, sondern hat sich selbst geradezu malträtiert, indem er sich ständig herausgefordert hat: Du, fauler Sack – und so.

Wenn ich das auf eine schöngeistige Ebene hebe und nur noch mit philosophischen Gedanken das Für und Wider abwäge, dann fehlt genau diese lutherische Bodenständigkeit; dies hat uns früher bei den Leuten – im Gegensatz zu den Calvinisten – den Vorwurf eingebracht, wir wären die Einfachen und die anderen die schöngeistig Gebildeten.

Wie viele Predigten hat der Pfarrer und Domprediger Hempel gehalten?
Rund dreitausend Kurzpredigten wie das »Wort zum Alltag«, so genau habe ich nicht gezählt. Zudem habe ich in Riddagshausen am Sonnabendnachmittag gepredigt, dann die Predigten im Gottesdienst, die Fernseh-Gottesdienste, Rundfunk-Gottesdienste, die Morgenandachten im Radio. Es ist ein gerüttelt Maß! Ich habe in Namibia gepredigt, in Luxemburg gepredigt, in Österreich, in Polen, in Tschechien, in England und Äthiopien und auf den Studienreisen in den Ländern der Bibel.

Ich bin froh, dass mir immer noch und hoffentlich bis zur letzten Predigt im Dom etwas einfällt. Und es ist gut: Ich muss es nicht testen, bis mir nichts mehr einfällt. Es gibt Amtsbrüder, die erzählen immer wieder dieselben Geschichten wie ehemals, immer und immer wieder. Sie vergessen: Geschichten behalten die Menschen und merken schnell: »Das haben sie schon mal erzählt …«

Ein lutherischer Pfarrer hat eine Freiheit, von der die meisten katholischen Priester träumen. Ein Pfarrer muss sich nicht vor seinem Bischof fürchten. Warum nutzen die Pfarrer so wenig ihre Freiheit?
Ich glaube, es gibt eine ausgeprägte Menschenscheu. Die kleiner werdenden Zahlen führen dazu, dass man sich einrichtet in überschaubaren Zusammenhängen und sich wohlfühlt, wenn man einigermaßen sich selbst und die Wenigen um sich herum einschätzen und einordnen kann.

Dieses Rausgehen zu den Leuten, die man nicht kennt – an Zäune und auf Straßen und Plätze – ist ja eine Herausforderung ohne Ende: Du weißt eben nicht, wie du aufgenommen wirst. Aber das genau ist unser paulinisches Erbe: Geh auf die Marktplätze! Geh hin und warte nicht, ob jemand kommt! Kirche nennt das neuerlich: Geh-Strukturen stärken!

Die Scheu erlebe ich auch bei jüngeren Kollegen, die verweisen auf die voll ausgebuchten Terminkalender mit Frauenhilfe, Nähkreis, Konfirmandenunterricht, Taufe, Beerdigung, Gottesdienst, Verwaltung, Finanzen, Kirchenvorstand und dem Alltagstun. Das alles sind Hindernisse, Ungewohntes auszuprobieren. Ich habe immer meinen Praktikanten und meinen Vikaren gesagt: Sie haben ein

Amt, vergessen Sie das nie, Sie übernehmen ein Amt. Suchen Sie sich irgendein Thema, eine Spielwiese, wo Sie einfach Lust haben, sich zu tummeln, denn die Amtspflichten sind keine Kür.

Was ist Ihre Spielwiese?
Meine Studienfahrten! Eine Spielwiese braucht jeder, weil jeder Impulse braucht, damit alles andere, was zum Amt gehört, nicht den Bach runtergeht und in Langeweile erstirbt. Wer immer wieder dasselbe macht, naja!

Wenn ich heute Dorfpastor wäre, würde ich nicht jammern, dass so wenig am Sonntag in der Kirche sitzen; ich würde mich mit ein paar fitten Leuten an einen Tisch setzen und überlegen: »Wie kann ich das ändern?« Das passiert glücklicherweise bei etlichen jungen Kollegen auch – und plötzlich werden schöne Dorfkirchen wieder zu Stätten der Begegnung, nicht nur beim klassischen Gottesdienst. Ich bewundere die Kreativität vieler Kolleginnen und Kollegen, die sich mit dem Vorfindlichen und den demographischen Zahlen nicht zufrieden geben.

Welches Thema durchzieht Ihre Zeit als Prediger? Welches war das Thema, das Sie nie losgelassen hat?
Das ist das Thema: »Weißt du, wie viel Sternlein stehen?« Der Volkschoral endet mit dem berühmten Satz: »Gott im Himmel hat an allen seine Lust, sein Wohlgefallen, kennt auch dich und hat dich lieb, kennt auch dich und hat dich lieb.« Das ist mein Grund-Thema: Das Verhältnis zwischen dem Individuum und dem großen Ganzen – also die gesamte Beziehungsgeschichte, ich und die anderen, die anderen und ich, alles also, was meinen Alltag bestimmt von morgens bis abends. Aber diese Beziehungen betrachte ich »sub specie aeternitatis«, also aus der Perspektive der Ewigkeit. Denn was wir vor Augen haben, ist nicht alles, was ist. Es gibt ein Mehr, ein Höher, ein Weiter – das ist eigentlich die Verknüpfung zwischen Glauben und Verstehen.

»Weißt du, wie viel Sternlein stehen?« ist auch eine alte Kinder-Frage. Natürlich wissen wir es nicht, obwohl wir seit hundert Jahren Nobelpreise verleihen für alles mögliche Wissen. Wir wissen gar nicht viel. Ein Astronaut, der jüngst ins All geflogen ist, hat gesagt, bevor er von der Erde abhob: »Ich bin nicht religiös erzogen, aber da oben ist mir klar: Es gibt noch etwas anderes als das, was der Mensch auf Erden weiß.«

Entdecken kannst du übrigens nur etwas, was es gibt. Amerika war schon lange da, bevor Kolumbus es entdeckt hat. Was lerne ich daraus? Ich kann keine Giordano-Bruno-Gesellschaft mehr unterstützen, die sagt: »Wir haben nichts mit dem

Glauben, wir haben nur Wissen.« Das sind auf momentanes Wissen beschränkte Leute, die dem Glauben nichts zutrauen.

Das zweite Thema …

Das zweite Thema, das mich seit jeher beschäftigt, ist das Verhältnis von Wahrheit und Lüge. Da sind wir schnell bei den zehn Geboten. Nehmen wir das Gebot, das gesellschaftlich akzeptiert ist: Du sollst nicht töten. 89 Prozent sagen, das mache ich ja – ich töte nicht. Jetzt reden wir mal nicht über Schweine und Hühner, sondern über Mord und Totschlag. Nur – in 50 Prozent der Fernsehprogramme geht es immerzu ums Töten. Und alle sind ganz fasziniert.

Töten – davon ist auch die Bibel rappelvoll.

Ja, ja, meistens für einen höheren Zweck oder einen angenommenen höheren Zweck. Im »Tatort« dagegen geht es meistens um Macht und Einfluss, um Geld und Beziehung.

Wahrheit und Lüge – das ist ein durchgängiges gesellschaftliches Thema. »Nur die Wahrheit wird den Sieg davon tragen«, sage ich jetzt mal. Aber die Frage ist: »Wie gehst du selber mit der Lüge um? Wie hältst du es mit der Wahrheit?«

Stell' dir also diese uralte Frage: »Was ist der Mensch?« Was ist der Mensch, der in seinen Möglichkeiten eine Mutter Theresa werden kann oder ein Stalin oder ein Hitler? Es waren Mütter, die an den Wiegen der Kinder dieselben Wiegenlieder gesungen haben: Aber was passiert, dass das eine Kind so wird und das andere anders?

Da hat der liebe Gott wieder seinen Pinsel in seinen unnachahmlichen Farbkasten getaucht und sich ein Individuum ausgedacht: Wieso hängt dieser Typ die ganze Nacht in einer Kneipe rum, geht am Sonntagmorgen – wenn ich zum Dom fahre – besoffen durch die Stadt, lallt in der Gegend rum, verquast von diesem bisschen Zeit, die sein Leben ausmacht, so viel: Wieso? Wofür? Warum?

Warum hängt sich einer eine Kalaschnikow um und ballert einfach mal ein paar Leute tot? All diese Fragen, die natürlich letztlich in die Theodizee-Frage münden, »Wie kann Gott das zulassen?« Doch die Frage ist nicht: »Warum kann Gott das zulassen?«, vielmehr lautet die erste Frage: »Wieso können Menschen anderen Menschen das antun?« Wenn wir diese Frage beantworten, dann können wir auch die andere Frage nach Gott stellen. Aber die erste Frage ersetzt nicht die Antworten auf diese Frage.

Ich gehöre zu der Generation, die keinen Krieg unmittelbar erlebt hat – den erlebte die Generation meiner Eltern. Wir haben Terror, RAF, Mogadischu und die Kriege im Irak, auf dem Balkan, in Afrika oder Afghanistan erlebt – aus der Ferne! Ich habe Gespräche mit GSG 9-Soldaten geführt, die aus Braunschweig kamen und mich fragten: »Was soll ich jetzt eigentlich machen? Ich wollte meinem Land dienen, um Schlimmes zu verhindern, aber jetzt soll ich in ›kriegsähnliche Situationen‹ abmarschieren.«

Das dritte Thema …
Mein drittes, immer wiederkehrendes Thema ist: Wie gehst du um mit Achtung und Respekt? Das ist das alte Thema von Albert Schweitzer: Wie halten wir es mit der Ehrfurcht?

Das sind meine drei großen Themen: Der Einzelne und das große Ganze; die Wahrheit und die Lüge; Achtung und Respekt. Die drei Themen, die sind eigentlich ausreichend.

Sind Sie in Ihren Predigten ein Kapitalismus-Kritiker? Geißeln Sie nicht unentwegt den Materialismus der Menschen?
Das kommt auf die Gelegenheit an. Aber nein, ich bin nicht, weil ich Theologe oder Christ bin, ein Kapitalismusfeind. Das kommt bei mir eher unterschwellig daher. Nehmen Sie als Beispiel den Palmsonntag. In meiner Predigt geht es darum: Warum war so viel Volk auf der Straße, als Christus in Jerusalem einzog? Ich habe erklärt: Die Menschen waren immer auf der Straße. Du konntest nicht überleben, ohne jeden Tag zum Brunnen zu gehen, um frisches Wasser zu holen.

Die Bibel ist voller Geschichten um Brunnen und um Wasser. Und schon habe ich das Thema: Wasser, damals wie heute. »Und so ganz nebenbei, liebe Gemeinde, fragen Sie doch mal, wie viel Wasser VW braucht, um ein Auto zu produzieren?«

Henning Noske, der Redakteur der *Braunschweiger Zeitung*, hat diese Frage sofort aufgenommen: Am Montag stand in der Zeitung: 100.000 Liter. Das ist doch unglaublich! Viele Menschen haben auf dieser Welt nicht einen Liter am Tag, um sich selbst zu ernähren. Das würde ich Kapitalismuskritik nennen, aber nicht im Sinne: Ich kritisiere den Kapitalismus, vielmehr kritisiere ich unsere Einstellung, unsere Umgangsformen, also unsere Bigotterie.

Ich bin keiner, der Konzernschelte betreibt – aber sich im eigenen Leben kein Deut besser verhält. Ich kenne Kapitalismus-Kritiker, die Sicherheitsanlagen für ihr Haus installieren mit Stromverbrauch ohne Ende – bloß weil sie Angst haben, dass ihnen einer irgendetwas klaut. Die eigene Verantwortung hat etwas mit der individuellen Bedeutung des Menschen zu tun. Auf »die da« zu schimpfen ist leicht. Im Betrachten des eigenen Verhaltens sind wir meist sehr viel großzügiger.

Sie haben auf Ihren Reisen viele politische Systeme erlebt – und sind doch ein Kritiker des demokratischen Systems?
Ich bin ein Freund der Demokratie, aber mit der sozialen Marktwirtschaft zusammen. Niemals ohne soziale Marktwirtschaft. Wenn man dies anerkennt, kann man doch gegen die sein, die sich dauernd etwas in die Tasche stecken. Der Ulli Hoeneß zum Beispiel ist ein falsches Vorbild: Wie kommt einer darauf, so zu betrügen? Wessen Rat hört er, dass er die Gesellschaft so vorführt? Und dann klatschen noch welche Beifall? Wo waren denn eigentlich die ganzen Selbstanzeiger bei den Finanzbehörden jahrelang so unterwegs, dass das niemand bemerkte? Unsere demokratische Gesellschaft braucht auch eine Gleichbehandlung vor dem Gesetz!

Sind Sie ein politischer Prediger?
Wer in den Dom kommt, um eine politische Predigt zu hören, der wird enttäuscht sein. Ich bin nicht ein politischer Prediger im Sinne von Ernesto Cardenal. Aber kann ein Prediger die »Ist-Zeit« ausblenden, in der er und die Menschen unter seiner Kanzel leben?

Sie schauen sich die Menschen genau an, die im Gottesdienst vor Ihnen sitzen.
Ich schaue sie an, ich meine den einzelnen, weil ich weiß: Das Leben ist immer einzeln; es gibt kein anderes Leben als das individuell gelebte.

Sie schauen aber nicht nur, Sie sprechen manchen auch an
Ja, das kann passieren, aber es ist selten meine Absicht: Ich sehe den Einzelnen, aber ich meine das Ganze. Ja, das kann passieren. Das kann auch einen Journalisten treffen, wenn mal einer da ist.

Der Fall eines Braunschweiger Redakteurs ist bekannt, den Sie im Gottesdienst an Heiligabend kritisierten wegen seines Aufmachers in der Weihnachtsausgabe. Der ist aus dem Dom gelaufen. Regelrecht weggelaufen.
Auch da geht es um die Unterscheidung von Sache und Person; natürlich meinte ich ihn nicht persönlich, ich hatte ihn unter den tausend Besuchern gar nicht gesehen. Aber es ging um die Tatsache, dass einer Zeitung außer Weihnachtsmann für die Titelseite nichts einfiel, das fand ich schwach. Copyright für Weihnachten liegt in Bethlehems Stall! Journalisten halten nicht viel aus. Die können hart kritisieren, aber noch nicht einmal weich einstecken.

Ich bekomme Reaktionen nach dem Gottesdienst eher im positiven Sinne: »Das war genau meine Lebens-Situation!« Da bin ich völlig baff, wenn mir Leute das nach einer Predigt sagen; das konnte ich natürlich nicht ahnen. Aber das zeigt: Es gibt Themen, die sich ganz schnell biografisch verorten.

Dokumentation
Palmsonntags-Predigt (von Joachim Hempel)

Tot ist tot, da muss man doch was machen

Als er auf dem Esel saß – um ihn herum die Menge freudig ja emphatisch rufender und jubelnder Menschen, seine Jünger, die Mühe hatten, in seiner Nähe zu bleiben – als er auf dem Esel saß, und das Gleichgewicht halten musste bei dem Trippelschritt des gutwilligen, gar nicht störrischen Tiers – als er auf dem Esel reitend in Jerusalem einzog und in Gedanken schon seiner

Biblische Geschichten in lebenden Bildern auch als Medien-Ereignis: Der Domprediger und Dompfarrer Kohn führen 2013 die Palmprozession mit den Kurrenden der Domsingschule an – mit echtem Esel namens Mup.

Zeit voraus war – was ging da eigentlich vor in Jesus? Brannte ihm das Herz? Wohin schweiften seine Gedanken? Ahnte er, was Schriftgelehrte und Hohepriester, was der römische Statthalter mit ihm vorhatten?

Ja, es werden ihm viele Gedanken durch den Kopf gegangen sein, vielleicht auch nur Gedankenfetzen – zu emotional aufgeladen war die Situation; »Gott der Herr hat mir das Ohr geöffnet, und ich habe mich nicht gesträubt, bin nicht zurückgewichen. Meinen Rücken habe ich denen hingehalten, die mich schlugen; und meine Wangen denen, die mir den Bart rauften; mein Angesicht habe ich vor Beschimpfungen und Speichelwurf nicht verhüllt. Doch Gott der Herr hilft mir!«

Das alte Lied des Knechtes Gottes aus den Textrollen des Jesaja war ihm vertraut; er wusste, dass manche um ihn diese alten Texte auf ihn deuteten. Bei all dem, was ihm widerfuhr, »fühlte er sich auch nicht entehrt«. Gottes Nähe war ihm Kraftquelle; er sprach ihn gerecht, wer sollte da mit ihm rechten? – »Seht her«, wird er sagen, »seht her, Gott der Herr hilft mir: wer will mich für schuldig erklären?«

Und doch ahnt er, dass dem triumphalen Einzug schon wenig später ganz andere Straßenszenen folgen werden, vom Handelnden wird er zum Behandelten – doch er wird mit Gottvertrauen bis zum bitteren Ende am Kreuz vor den Toren der Stadt seinen Weg gehen.

Später wird einer derer, die ihm nachfolgten, mit Namen Saulus/Paulus sagen und singen und den Christen in Philippi schreiben: »Christus ist das Maß aller Dinge. Er glich Gott in seines Wesens Gestalt und hielt doch nicht fest an dem, was er war, sondern vergaß sich selbst, nahm an die Gestalt eines Knechtes und wurde ein Mensch gleich uns, uns nah in allen Gebärden. Ja niedrig machte er sich selbst und gering und wurde gehorsam seinem Ruf bis zum Kreuz. Darum hat Gott ihn nun erhöht, und sein Name übertrifft alle Namen.«

Ja, es ist wahr, Jesus hat sich nicht gesträubt; doch es bleibt ihm klar in Sinn und Verstand, dass alle Kraft in den Schwachheiten des Lebens von Gott kommt, der gerade da seine Stärke zeigt.

Das Lied vom Gottesknecht, der um der Anderen willen seinen Weg geht, um »die Müden durch Zuspruch aufzurichten«, ist für Christen zum Jesus-Lied geworden. Und sie lesen und singen es seit alters ihm zur Ehre und zum Lob. Jesus Christus ist der Herr nicht durch Macht und Gewalt, er ist der Herr der Herzen und Gedanken, des Gewissens und der Verantwortung, der Menschen bewegt, dem Leben auf der Spur zu bleiben, das ganzen Einsatz lohnt.

Von Palmsonntag führt der Weg mitten hinein in Abschied und Trennung, in Not und Schmach, in Liebe und Verrat. Ja, es werden Tränen und Blut fließen und die Mächte des Todes brüsten sich als Sieger: Stein aufs Grab – tot ist tot, da kann man doch nichts machen.

Doch der im Himmel und in allen Himmels Himmeln sagt: Tot ist tot, da muss man doch was machen, und führt den Ostermorgen herauf. »Seht, Gott der Herr hilft mir«, er hat mein Schreien nicht verworfen, nicht überhört, ist nicht zur Tagesordnung der Welt übergegangen, hat mich nicht bei den Toten gelassen. »Er weckt mich alle Morgen« – das gilt seit Jesus vor allem auch für den Ostermorgen der Auferstehung. Darauf gründet unsere Hoffnung, das ist unser Glaube.

Am Beginn der Karwoche stimmen wir nicht einen Trauermarsch an, denn wir haben verstanden, dass der Karfreitag ein »Good Friday« für uns ist, denn was geschieht, geschieht für uns und nicht gegen uns. Endlich mal einer, der für uns ist. Hosianna!

3. Die Braunschweiger Seele

Der Domprediger über die Bombennacht und die Zeit nach dem Krieg, als die Stadt an die Demarkationslinie des Kalten Krieges rückt, die Vertriebenen Braunschweig umkrempeln und die Ureinwohner nicht mehr unter sich bleiben können und eine Abneigung entwickeln gegen die Besserwisser und Arroganten von außen. Und Eintracht Braunschweig kommt ins Spiel, die Deutsche Meisterschaft als Balsam für die geschundene Braunschweiger Seele.

Was ist die Braunschweiger Seele?
Bodenständig ist sie. Sie hat eine besondere, etwas indifferente und diffuse Einstellung zu einem geistig-geistlichen Leben. Das Leben kann die braunschweigische Seele relativ einfach erklären.

Wie bekommt ein Fremder die braunschweigische Seele?
Tja, die Seele. Wie bekommt man die? Die Seele geniert sich zuerst einmal nicht, gerade wenn man von draußen kommt, mit den Leuten tagaus, tagein zu leben. Du kannst ja gerne wieder abhauen: Das muss man auch, denn Braunschweig ist nicht die Welt. Die Welt hat einen anderen Horizont. Und aus höherer Perspektive ist Braunschweig auch nicht das himmlische Jerusalem auf Erden.

Also, die Seele bekommt einer, der mit den Braunschweigern neugierig und respektvoll lebt.

Was heißt »braunschweigisch verortet« – ein Begriff, den Sie gerne gebrauchen? Was ist so besonders an Braunschweig?
Über lange Zeit waren die Braunschweiger unter sich, konnten eine eigene Mentalität entwickeln. Nach dem Krieg änderte sich das dramatisch: Viele Vertriebene und Flüchtlinge kamen – Braunschweig war die erste Stadt hinter der Grenze des Kalten Kriegs, die erste freie Stadt. Die Vertriebenen und Flüchtlinge mussten hier eine neue Heimat und ein neues Zuhause finden – und sie haben es auch gefunden, aber ihre Zahl war sehr groß, Braunschweig war die erste Großstadt hinter der Demarkationslinie.

Diese Veränderung hat auch die Braunschweiger verändert: Sie waren nicht mehr unter sich; plötzlich waren viele in der Stadt, die nicht »von hier« waren.

Man merkt Braunschweig noch heute an: Die Stadt hat sich an dieser Stelle nicht verändert aus sich heraus, sie ist nicht langsam gewachsen, vielmehr sind diese Veränderungen implantiert, von außen hinein gepflanzt. Mit diesen Implantaten von außen sind wir bis heute reich gesegnet. Bevor es die »Besserwessi-Ossi-Situation« gab, hatten wir in Braunschweig auch schon mal den Ansturm einer Besserwisser-Mentalität.

Die von außen kam?
Ja, die kam von außen. Da kamen Leute und haben uns in Braunschweig erklärt, wie die Welt geht.

Aha, das ist ja wie in einem Alpental oder einem thüringischen Dorf: Wir wollen den Fremden nicht. Geh dahin zurück, wo du herkommst!
Nein, nein, das hat nichts mit Abneigung gegen Fremde zu tun. Aber da kamen Leute und sagten: »Ihr seid hier Zonenrand, und wir bringen euch jetzt mal die große weite Welt.« Die Art und Weise, wie sie auf uns herabschauten, die missfiel uns.

Die hochmütigen Auswärtigen – so werden sie genannt – brachten so eine Mentalität mit: Ihr Braunschweiger dürft dankbar sein, dass sich überhaupt noch jemand hierher verirrt! Gleichzeitig mussten wir seit Gründung des Landes Niedersachsen immer wieder auf altes »Hauptstädtisches« verzichten: Oberpostdirektion, Staatsbank, Regierungssitz. Den alten Stolz der Hauptstadt, die wir ja bis 1946 waren, hat man samt dem Geld der Braunschweigischen Staatsbank abtransportiert. Und dann kommen ein paar Klügere und wissen alles besser.

Was bei jedem Bundesliga-Spiel zwischen Braunschweig und Hannover deutlich wird: Randale, Polizei ohne Ende, als gäbe es einen Bürgerkrieg.
Ja, wir können Witze ohne Ende darüber machen. Aber hören Sie mal einem englischen Journalisten zu, der vor kurzem im Dom zu Besuch war. Der schreibt einen Artikel über die Hannoveraner auf dem englischen Königsthron, also all die Georges und ihre Nachfolger. Er wusste genau: Ohne Mathilde, die Frau Heinrichs des Löwen aus England, begraben im Braunschweiger Dom, ohne Mathilde und die ältere Braunschweiger Linie wäre die Geschichte ganz anders gelaufen.

Hannover müsste ehrlicherweise sagen: Jahrhunderte lang war da nichts bei uns – und dann war Geschichte in Celle und Calenberg geprägt, bevor Hannover überhaupt eine welfische Rolle spielte. Braunschweig hat dagegen einen ganz anders geprägten, eben historisch wichtigen Boden – mit allen Vor- und Nachteilen. Ich bin überzeugt: Die Braunschweiger haben nach dem Krieg das Gefühl gehabt, man hat ihnen das Hinterland gen Magdeburg und die Bedeutung und die Selbstständigkeit genommen – und jetzt kommen Leute von außen und wollen uns noch den Schneid abkaufen.

Ist der Braunschweiger einer, der Fremde mit offenen Armen empfängt?
Ja, wenn er nicht mit Hochmut kommt und den Braunschweigern zeigen will, was er für ein toller Hecht ist. Ja, wenn er nicht nur nach Braunschweig kommt, um Karriere zu machen. Die nicht mit uns gemeinsam etwas bewegen wollen, die mögen wir nicht so sehr. Das muss man ehrlicherweise sagen.

Der Fremde hat zunächst den Eindruck, dass Braunschweiger sich wie in einer Trutzburg verschanzen und keinen einlassen.
Das liegt ein bisschen an der Größe; Braunschweig ist nicht anders als vergleichbare Städte. Du kannst in Braunschweig jeden kennen. Das ist eine Stärke: Ich nehme mir Zeit für drei Telefonate und habe die Leute zusammen, die ich brauche, um eine gute Sache voranzutreiben. Braunschweig ist andererseits zu groß, um all das Kleinkarierte unter dem Teppich zu halten. Der Kleinkarierte fällt auf, schnell sogar.

Spielt der Nationalsozialismus auch eine Rolle im beschädigten Selbstbewusstsein der Braunschweiger? Hier hat Hitler die Legitimation bekommen, um Reichskanzler werden zu können; hier wurde der Dom von den Nazis als braune Weihestätte missbraucht.
Nein, überhaupt nicht. So etwas wie den Staatsdom hat es im Deutschen Reich an vielen Stellen gegeben. Mir ist nicht bekannt, dass die Medien in der Reichshauptstadt Berlin damals den Staatsdom in Braunschweig ständig zum Thema gehabt hätten. Das war vor allem ein Kapitel Braunschweiger Tragödie.

Nicht für die Berliner, einverstanden. Aber für die Braunschweiger?
Für uns ist diese Domgeschichte fatal gewesen, das ist gar keine Frage. 1935 bis 1945 – das waren neun schlimme Jahre. Aber es sind, aufs Ganze der 850-jährigen Dom-Geschichte gesehen, nur neun Jahre.

In der Zeit nach dem Krieg, in der ich groß geworden bin, durfte man zum Beispiel in der Schule nicht mehr braunschweigisch reden, das wurde uns ausgetrieben. Das habe ich erst in Riddagshausen, meiner ersten Pfarrstelle, wieder gehört.

»Wir sprechen hier Hochdeutsch«, ermahnten uns die Lehrer. Braunschweigisch war sozusagen unter Niveau, gehörte in die einfachen Kreise.

Je weniger an die Einheit Deutschlands geglaubt wurde, desto mehr wurden wir zur Stadt an der Grenze. Jeder, der hierher kam, musste hierher wollen – er kam nicht vorbei.

Braunschweig wurde nach dem Krieg ja nicht zum Provinznest degradiert. Es war immerhin eine bedeutende Universitäts-Stadt, sogar eine doppelte: Technische Universität und Kunsthochschule. Welche Rolle spielte die Universität denn in Braunschweig selbst?
Die Universität spielte in der öffentlichen Wahrnehmung keine große Rolle. Das war eine Stadt in der Stadt. Da waren die Techniker – und wenn man mit den Technikern nichts am Hut hatte, bekam man von der Universität nichts mit. Dass es auch andere Institute gab, das ist nicht wirklich ins Bewusstsein der Bevölkerung gedrungen.

Braunschweig ist nicht nur eine schöne Stadt, sondern auch eine Stadt mit vielen wohlhabenden, wenn nicht gar reichen Bürgern, mit vielen Stiftungen und starkem Bürgersinn.
Das stimmt, aber diese Stadt war ins Mark getroffen, weil sie in der Bombennacht 1944 durch einen Feuersturm ihr Gesicht verloren hat. Meine ersten eigenen Bilder der Stadt sind Bilder von Trümmer-Grundstücken. Bis in die sechziger Jahre hinein gab es riesige freie Flächen mitten in der Stadt oder Behelfswege am Bohlweg. Das kann man sich heute gar nicht mehr vorstellen.

Es gab sehr viel Hilfsbedürftigkeit, aber es herrschte auch sehr viel Hilflosigkeit. Man wollte, aber konnte nicht richtig – und das, was es an Potenz gab, ist zum Teil auch noch abgeschöpft worden. Das war so. Denken Sie an das Aus von Büssing/MAN in Braunschweig, Rollei, Voigtländer, die Graphische Industrie, die Konservenindustrie – riesige Umbrüche. Nehmen Sie als Beispiel den neuen Hauptbahnhof. Der sollte 1960 etwas ganz Großes werden: das Tor zum Osten, nach Berlin! Ein halbes Jahr später war die Berliner Mauer gebaut, und alles war am Ende: Wenige Interzonenzüge am Tag, mehr nicht. Das war schon fatal.

Wie machte sich die Randlage am Ende der freien Welt im Leben, im Alltag der Braunschweiger bemerkbar?
Früher war in Deutschland die West-Ost-Achse die wichtigste Trasse – Reichsstraße 1 von Aachen nach Königsberg. Die wichtigste Trasse wurde nach dem

Krieg, erst recht nach dem Mauerbau, die Nord-Süd-Achse. Wer dort fuhr, fuhr an Braunschweig vorbei.

Wenn wir zur Nord-Süd-Achse, Hamburg-Hannover-Würzburg, wollten, mussten wir mit dem Auto auf einer alten Bundesstraße nach Northeim fahren, oder wir fuhren nach Kreiensen mit dem Eilzug – was nach dem Krieg das normale Verkehrsmittel war. In Kreiensen kamen wir auf die Strecke von Norden nach Süden. Ich sehe noch diese Ferienzüge von Touropa und Scharnow: In Kreiensen warteten die Braunschweiger mit Köfferchen und Gutscheinheft auf den »Alpen-See-Express«. Das weiß ich noch, weil wir mal mit unserer Mutter in Tirol Ferien gemacht haben und in Kreiensen auf den Zug aus Hamburg warteten – und alle Welt sich wunderte, was Kreiensen ist. Das war unser Anschluss zur Welt.

Nach dem Krieg musste Braunschweig einen Mentalitätswechsel verdauen: Früher fuhr der Braunschweiger nach Osten, nach Magdeburg oder Berlin, oder er fuhr nach Westen ins Rheinland, nach Köln oder Bonn oder an die Mosel. Das spielte nach dem Krieg plötzlich kaum noch eine Rolle.

Adenauer soll gesagt haben: Hinter Braunschweig beginnt Sibirien.
Also manche Leute dachten, sie brauchen einen Pass, wenn sie nach Braunschweig kamen. Die Autobahn war ja auch hinter Hannover fast nur noch eine Interzonen-Autostraße.

Ist in diesen Jahren nach dem Krieg die Bedeutung von Eintracht Braunschweig gewachsen? 1967 die Deutsche Meisterschaft: Plötzlich kannte jeder Braunschweig!

Das tief verschneite Braunschweig 2012: Beim Stadtbiathlon startet der Domprediger – links neben Stadtmarketing-Chef Gerold Leppa – und legt das Gewehr an.

Das war 1967 schon was! Es war auch eine Überraschung. Damit hatte niemand gerechnet. Auf alle Fälle war die Deutsche Meisterschaft ein Stück der Rückgewinnung des Selbstbewusstseins. Insofern war das viel mehr als Fußball. Aber das, was heute in den Fußball reininterpretiert wird, wie heute über Fußball – auch in Braunschweig – geredet wird, das war früher ganz anders: Das war alles sehr bodenständig, und eben auch noch nicht ein Millionen-Geld-Spiel. Die große Welt brach erst ein, als Jägermeister mit dem Hirschgeweih auf den Trikots der Eintracht warb, diese tolle Marketing-Geschichte von Günter Mast. Plötzlich gab es ein Braunschweiger Thema, das vorher nie ein Thema war.

Sicher wussten wir auch schon vorher, dass wir im Fußball einen Klassiker hatten mit Eintracht Braunschweig. Wir wussten auch, dass die Eintracht ein altes anständiges Fußballteam war. Ich bin auch ins Stadion gegangen, wenn sie gegen Hildesheim spielten oder Wer-weiß-wen.

Heute gehen Sie nicht mehr ins Stadion?
Nein, mich stört der ganze Rummel; und samstagnachmittags habe ich auch im Dom zu tun: Trauung, Taufe, Mittagsgebet. Es gibt auch Menschen außerhalb der Stadien dieser Welt.

Der Fremde, wenn er heimisch geworden ist, lobt meist die Stadt in höchsten Tönen.
Aber die Braunschweiger Seele neigt nicht zum Überschwang.

4. Kindheit zwischen Großbürgertum und Arbeiterwelt

Als Kind spielt Joachim in Bombenkratern, im Papierlager oder in der Bäckerei. Ihn prägt das doppelte Milieu: Großbürgertum und Arbeiterwelt, ganz dicht beieinander. Eigentlich soll er Nachfolger seines Vaters werden, des Druckerei-Besitzers mit 60 Mitarbeitern. Doch der große Umbruch in der Druckereitechnik treibt den Vater, der mit der neuen Zeit nicht zurechtkommt, in die Insolvenz. Joachim lernt das Oben kennen und das Unten der Gesellschaft – und den jähen Abstieg. In der Schule wäre er fast gescheitert beim Übergang von der Volksschule zum Gymnasium.

Sie sind 1949 geboren, sind aufgewachsen in einem Deutschland, das den Krieg hinter sich gelassen hatte, das im Westen immer wohlhabender wurde. Sie wuchsen auf mit dem Wachstum eines Landes, das sich an die Vergangenheit nicht mehr erinnern wollte und nur an die Zukunft dachte. Welches sind Ihre ersten Erinnerungen?
Die ersten Bilder sind Bilder des Krieges, des Nachkrieges. In vielen Straßen Braunschweigs war das Kellergeschoss das einzige, in dem Menschen noch wohnen konnten; alles andere war kaputt. Mit meinem ersten Fahrrad bin ich durch Bombenkrater gefahren. Auf von Bomben zerstörten Grundstücken haben wir gespielt. Es ist seltsam, woran man sich erinnert: Die Klamotten, die wir trugen, haben dauernd gekratzt; man wollte sie gar nicht tragen, aber man musste sie anziehen – es gab nichts anderes.

Ihre Eltern waren wohlhabend, zählten zum Bürgertum in Braunschweig. Hat Sie das geprägt in einer Stadt, die eine Industriestadt war mit großen Arbeiter-Quartieren?
Ja, ich bin zwar in einem schönen bürgerlichen Haus, nahe dem heutigen Hauptbahnhof, groß geworden, aber wir lebten in einem Industriegebiet; um uns herum standen die Häuser der Arbeiter mit diesen eindrucksvollen Hinterhöfen, in denen ich mit den Arbeiterkindern gespielt habe. Sicher wussten die Kinder, dass mein Vater Druckereibesitzer war – das klang nach sonst was. Ich war schon der Sohn vom Chef. Aber es waren die Kinder unserer Arbeiter, die da spielten, wir waren

praktisch ein Familienbetrieb. Am liebsten spielten wir im Papierkeller mit dieser Luke, durch die alle Papierschnipsel aus der Schneidemaschine fielen. Das war immer wie ein Papierregen. In dem Papier wühlten wir Kinder herum.

Meine Freunde einzuladen, um im Papierkeller zu spielen, das war der Hammer. Aber wir gingen auch gerne in die Bäckerei. Mein Nachbar war Martin Trümper, der Sohn des Bäckermeisters. Der Mehlboden war das Pendant zu unserem Papierkeller. Entweder waren wir weiß von Mehl und leckten die Teigreste; oder wir waren in unserer Druckerei bunt und klebrig und stanken nach den Farben, die auf die Walzen geschmiert wurden.

Wir haben mit dem Abfall gespielt, und es hat unbändig Spaß gemacht. Wir konnten toben ohne Ende. Aber zu Hause bekamen wir oft eine Tracht Prügel, wenn die Klamotten – wie die Braunschweiger sagen – versaut waren. Dass wir in einer schwierigen Zeit gelebt haben, das erfuhren wir erst später.

Noch einmal: Wie stark hat diese Welt Sie geprägt: Großbürgertum und Arbeitermilieu nahe beieinander?
Sie hat mich entscheidend geprägt: Da saß eine großbürgerliche Familie mitten in einer klassischen Braunschweiger Arbeiter-Umgebung. Ich kenne also beide Welten, die sich nie fremd gegenüberstanden. Mein Vater war morgens der erste im Betrieb und abends der letzte. Am Wochenende gingen wir, Vater und Kinder, in die Druckerei und haben gemeinsam Koks geschippt in die Kohle-Öfen, damit die Fabrik am Montagmorgen wieder warm war. Wir gingen auch in das Konzerthaus gegenüber, ein klassischer Arbeiter- und SPD-Treffpunkt mit Kino und Kneipe.

Sahen Ihre Eltern nicht mit Skepsis, dass Sie mit den Arbeiterkindern spielten? 1965 erschien eine Langspielplatte von Franz Josef Degenhardt, einem der ersten Liedermacher: »Spiel nicht mit den Schmuddelkindern, sing nicht ihre Lieder.«
Sicher sahen meine Eltern den einen oder anderen Kontakt nicht unbedingt gern. Aber wir waren von Anfang an gute Nachbarn. Mein Vater hatte keinen Standesdünkel, ein bisschen Distanz schon, aber das war es auch. Allerdings ging es bei uns zu Hause anders zu als bei den Nachbarn. Unterm Tisch gab es eine Tretklingel: Wenn ich draufgetreten habe, fiel in der Küche eine Nummer runter und da wusste unser Hausmädchen – ich muss jetzt ins vierte Zimmer gehen. Sie kam und bediente uns. Im Salon saßen alte Männer und rauchten ihre dicken Zigarren. So bin ich aufgewachsen, aber ich bekam auch mit, wie schnell das Schnee von gestern sein kann.

Wie gingen die Arbeiterkinder mit Ihnen um?
Menschlich war das alles okay. Ich merkte natürlich auch, wie mich manche, gerade die Mütter meiner Freunde, ansahen als den Sohn vom Chef. Ich hatte aber auch einfache Leute in unserer Verwandtschaft wie die Geschwister meiner Großmutter. Ein Onkel war bei den Stadtwerken und fegte die Straßen; damals fegten wir ja die Straße noch selber – »Gastarbeiter« gab es noch nicht.

Als Pastor fand ich es immer erheiternd, wenn ich bei meinen Besuchen in die großbürgerliche Welt zurückkehrte: Diese Möbel, die Eichenverkleidungen; ich konnte mich leicht in dieser Welt bewegen, ich konnte mich benehmen, wie man es damals nannte. Aber es war nicht hundert Prozent der Welt, in der ich groß geworden bin. Es war die eine Welt mit den Salons und immer auch die andere Welt mit der Wachsdecke auf dem Tisch. Die einen rauchten Juno ohne Filter, die anderen tranken Asbach-Uralt.

Früher hatten fast alle Kinder einen Kaufmannsladen. Was haben Sie in Ihrem verkauft?
Zeitschriften, ich habe Zeitschriften verkauft. Der große Knüller nach dem Krieg war eine Fachzeitschrift für Spielautomaten und Musikboxen, die bei uns gedruckt wurde. Die »Löwen-Automaten« mit dem braunschweigischen Wappentier waren auch eine braunschweigische Erfindung. Die zauberten ein amerikanisches Flair in unsere düsteren Kneipen.

Was machte Ihr Vater, der Druckerei-Besitzer, nach dem Krieg?
Er war Gebirgsjäger, kämpfte in Afrika, kam in Gefangenschaft. Einer seiner beiden Brüder kam im Krieg um: Nach ihm bin ich genannt worden – Achim. Nachdem mein Vater aus der Gefangenschaft zurückgekehrt war, baute er das Unternehmen seines Vaters mühsam wieder auf. Damals gab es keine Fördergelder wie heute.

Die Technik in einer Druckerei war noch wie zu Gutenbergs Zeiten? Sie haben noch den Bleisatz erlebt?
Na klar, selbstverständlich. Ich habe Buchstaben in Setzkästen sortiert und Tiegelmaschinen bedient. Ich war der erste in der Schule, der eigenes Briefpapier hatte: Papi zeigte mir, wie das geht; dann durfte ich mir 20 Bogen selber auf einer Handwalze drucken.

Wir hatten einen ordentlichen Betrieb, in seiner Blütezeit beschäftigten wir 60 Mitarbeiter: Verlag, Setzerei, Druckerei, Buchbinderei – also der gesamte Prozess bis zur Fertigstellung von Zeitschriften und Büchern. Ich konnte mit dem Leimpinsel arbeiten und weiß noch, wie aufwändig es ist, ein Buch herzustellen.

Sie haben eine lange braunschweigische Familien- und Unternehmensgeschichte. Wann ist die Druckerei gegründet worden?
1912 als Fachbuch-Verlag. Braunschweig besaß eine gut verdienende Konservenindustrie und eine Forschungsanstalt für Landwirtschaft, die in den Jahren nach dem Krieg dafür sorgen sollte, dass die Äcker genug für die Menschen hergaben. Forschung und Industrie brauchten Fachzeitschriften und Fachbücher. Das war der Ausgangspunkt für meinen Großvater, der über die Konservenindustrie zu Verlag und Druckerei kam.

Als Oberschüler habe ich Korrekturbögen gelesen für meinen Vater, um das Taschengeld aufzubessern: Der Verlag war schon meine Welt. Eigentlich sollte ich den Verlag erben.

Und warum wurde nichts aus der Erbschaft? Warum ist Joachim Hempel kein Druckerei-Besitzer geworden?
Mein Vater kam mit der neuen Zeit nicht wirklich zurecht. Die beste Zeit waren die sechziger Jahre. Dann kam das Ende des Bleisatzes: Offset war besser und preiswerter. Also musste sich eine Druckerei gewaltig umstellen. Viele sind kaputt gegangen, nur einige haben überlebt wie Druckerei Hans Oeding, ein Kollege meines Vaters gleichen Alters.

Mein Vater war bei der IHK viele Jahre Vorsitzender des Prüfungsausschusses fürs grafische Gewerbe. Ich habe zu Hause Prüfungsbögen Korrektur gelesen. Da ging es nicht nur um Fachfragen. Die Lehrlinge mussten Fragen beantworten wie: »Wie heißen die Hauptstädte der Länder in der Bundesrepublik Deutschland?«

Warum ging es mit der Druckerei des Vaters zu Ende?
In den sechziger Jahren kam der Umbruch im grafischen Gewerbe. Wir hätten sehr viel Geld investieren müssen; aber das Geld war im Wiederaufbau aufgebraucht worden. Wir hätten ganz anders denken und planen müssen. Das war nicht meines Vaters Ding. Er blieb bis zum Schluss der Drucker, der bei »Westermann« Buchdruck gelernt hatte. Dem väterlichen Betrieb ist 1973 in der ersten Ölkrise einer der größten Kunden abhanden gekommen, die Marienberger Mosaik-Platten-Fabrik. Die konnten nicht mehr zahlen, und daraus hat sich mein Vater nicht wieder befreit. So kam die Insolvenz.

Alle seine Arbeiter hat mein Vater irgendwo untergebracht. Darauf war er ganz stolz. Aber er selber war arbeitslos. Glücklicherweise fand er dann beim TASPO-Verlag eine verantwortliche Stellung.

Wie hat Sie dieses Ende getroffen?
Ich wusste schon länger, dass es mit der Druckerei zu Ende ging und ich einen anderen Beruf suchen musste. Als der Betrieb in Konkurs ging, hatte ich schon mit dem Studium begonnen. Aber die Erfahrung, dass mein Vater arbeitslos wurde, hat mich sensibilisiert für meinen späteren Beruf als Pastor: So ist das in der Gesellschaft mit dem Oben und dem Unten! So schnell steigst du ab vom Druckerei-Besitzer und selbstständigen Kaufmann zum Arbeitslosen! Das war eine Lehre fürs Leben: Du kannst ganz oben sein – und plötzlich bist du unten wegen Ereignissen, die du nicht selber verschuldet hast.

Verbrachten Sie Ihre komplette Kindheit in der großbürgerlichen Villa?
1961 sind wir umgezogen, in die Nähe der Paulikirche. Wir mussten unser Haus verkaufen, wir brauchten Geld für die Firma. Wir zogen aus einem großbürgerlichen Haus in eine Dreieinhalb-Zimmer-Wohnung. Das war die Zeit, als ich zur Oberschule wechseln sollte. Deswegen habe ich auch die Prüfung nicht bestanden. Damals musste man noch eine Prüfung bestehen, um von der Volksschule in die Oberschule zu kommen.

Sie merken: Ich bin schon immer merkwürdige Wege gegangen. Also – durch den Umzug konnte ich die Aufnahmeprüfung am Ende der 4. Klasse nicht mitmachen. Man konnte aber zweimal eine Aufnahmeprüfung für das Gymnasium machen, beim zweiten Mal jedoch bin ich durchgefallen. Das war das Aus, da war das Gymnasium vorbei.

Doch Dr. Gerhard Linne, der Direktor der Neuen Oberschule, der NO, hat meinen Vater kommen lassen: »Ihr Sohn hatte nur eine Chance gehabt. Es gibt aber eine Möglichkeit, aber eine sehr harte; Sie müssen wissen, ob Sie das Ihrem Sohn zumuten wollen.« Durch eine niedersächsische Ausnahme-Regelung war es möglich, bei einem Privatlehrer den Stoff der 5. Klasse Gymnasium zu lernen – am Nachmittag nach dem morgendlichen Besuch der 6. Klasse in der Volksschule. Das habe ich gemacht: Vormittags 6. Klasse Volksschule, nachmittags dreimal in der Woche zum Privatlehrer zur Nachhilfe 5. Klasse Gymnasium. Das war teuer und hart.

Der Privatlehrer: Der schlug auch schon mal mit dem Rohrstock auf die Hände, schrie, verdonnerte mich und die vier Mitaspiranten zur Strafarbeit. Das war hart, ganz hart. Aber ich habe es geschafft und kam als Seiteneinsteiger in die 6. Klasse des Gymnasiums. Im Gymnasium wurde ich nicht gerade mit offenen Armen empfangen. Ich galt als Sonderling, keiner konnte mit mir, dem Neuen, etwas anfangen. Ich war auch in keinem Sportverein, ich hatte ja keine Freizeit gehabt, nur Lernen, Lernen, Lernen. Da habe ich schon manchmal gezweifelt.

Meine Eltern haben mich in diesen Jahren sehr unterstützt, obwohl es auch ihnen nicht gut ging und der Betrieb ihnen Sorgen machte. Wenn ich ihr Vertrauen nicht gehabt hätte!

Wer ein akzeptierter Braunschweiger sein darf, muss nicht nur mit Oker-Wasser getauft worden sein. Er muss auch tiefe braunschweigische Wurzeln in seiner Familie haben. Mit Oker-Wasser sind Sie getauft. Aber wie tief reichen Ihre Wurzeln?

Tief, mütterlicherseits. Mein Großvater war Obertelegraphen-Inspektor bei der Post. Er hat auch die Telegraphen-Verbindungen vom Schloss Blankenburg nach Berlin hergestellt; der Prinzregent Albrecht hat ihm einmal als Dank eine Taschenuhr mit Monogramm geschenkt. Die Uhr ist mein einziges Erbstück vom Großvater. Mein Großvater war übrigens bei den 92ern, dem Braunschweiger Infanterie-Regiment. Dieser Großvater war mir ein wichtiges Vorbild: Im Ersten Weltkrieg in Belgien verschüttet, ein Wunder, dass er überlebt hat.

Das ist das Schicksal der Nachkriegs-Kinder: eine Geburt aus der Laune der Geschichte.

Ja, das geht uns allen so. Wir sind die Kinder der Überlebenden oder auch der im Krieg ums Leben Gekommenen.

Doch zurück zu meinem Großvater: Während der Nazizeit ließ er sich nicht bewegen, in die NSDAP einzutreten; deswegen war seine Karriere schnell zu Ende. Er war ein aufrechter Postbeamter, der gesagt hat: »Ich bin nicht käuflich. Partei hat hier im Dienst nichts zu suchen.« Damit waren Beförderungen erledigt. Nach dem Krieg hat die Englische Militärverwaltung ihn aus der Pensionierung zurückgeholt.

Wie viel Braunschweig steckt im Stammbaum Ihres Vaters?

Er ist in Braunschweig geboren, aber sein Vater war 1910 aus Thüringen nach Braunschweig gekommen. Die Familie hatte in Walterdorf, Kreis Hermsdorf, einen Bauernhof. Da sind wir zu DDR-Zeiten mit Sack und Pack hingefahren, das war jedes Mal ein besonderes Ereignis: Ein Westauto im Thüringer Dorf! Nur

Der Domprediger hat seine Kindheit und Jugend im Arbeiterviertel nie vergessen: Am Gründonnerstag wäscht er im Dom an der Passionssäule – nach dem Schuheputzen in der Fußgängerzone – den Menschen die Füße als Zeichen von Respekt und Demut, auch erinnernd an das Neue Testament: Kurz vor seiner Kreuzigung wusch Jesus seinen Jüngern die Füße beim letzten Abendmahl.

für meine Mutter war jede Reise eine schwere: Dieses bäuerliche Ambiente! Mit Plumpsklo auf dem Hof!

Nach der Kollektivierung in der DDR verlor die Familie zwar Grund und Boden, aber durfte weiter auf dem Hof wohnen. Die Kontakte haben die DDR überdauert.

5. Jugend und Politik: Nazis, Parteien und Bürgergesellschaft

Zum Achtundsechziger wird Joachim Hempel, lange Zeit ein ganz Stiller, erst in der Oberschule. Er recherchiert das große Tabuthema der Adenauer-Zeit: Wie war das in Braunschweig unter den Nazis? Wer hatte mitgemacht? Fast wäre der junge Hempel sogar Schulsprecher geworden. In der Politik mischt er nur kurz mit – in der Jungen Union, die ihn schnell und nachhaltig enttäuscht. Noch heute sind Parteien für ihn Krückenkonstruktionen. Fromm ist seine Familie nicht: Sonntags fährt der Vater mit dem Proviantkorb in die Lüneburger Heide. Der Wunsch, Pfarrer zu werden, kommt eher nebenbei auf.

Ihr Vater wird konservativ gewählt haben, die Väter Ihrer Freunde mehrheitlich links. Diskutierten Sie über Politik mit Ihrem Vater?
Ich habe mich mit meinem Vater oft gefetzt, etwa: Warum sind bei den Tarif-Kämpfen immer die Gewerkschaften die ersten, die den Vertrag kündigen und neue Forderungen stellen? Warum nicht die Arbeitgeber, die auch mal kündigen und Forderungen aufstellen könnten?

Nach dem Krieg wurde die Straße, an der unser Haus stand, von Salzdahlumer Straße umbenannt in Böcklerstraße – genannt nach dem Gewerkschafts-Führer Hans Böckler. Das war für einen Arbeitgeber wie meinen Vater natürlich der Protagonist der Gegenseite.

In der Böcklerstraße wohnten Sie in einem großbürgerlichen Haus mit proletarischer Umgebung. Was hat den heranwachsenden Joachim stärker beeinflusst: das konservative Milieu im Elternhaus oder das sozialdemokratische der Umgebung?
Zwei Seiten einer Medaille, der Mensch besteht ja meist aus Vielfalt, oder? Groß geworden bin ich in einer konservativen Welt, ohne dass ich mir darüber groß Gedanken gemacht habe. So richtig für Politik habe ich mich erst in der Oberschule interessiert, dann aber sehr schnell und intensiv. Auf der NO, der Neuen Oberschule, habe ich mit Freunden eine Polit-AG, eine politische Arbeitsgemein-

schaft, ins Leben gerufen. Das war damals der große Knüller: Mitmachen! Schülermitverwaltung! SMV!

Sie sind also ein echter Achtundsechziger?
Das war noch vor 1968, das waren die Anfänge, aber ich war im Schulengagement vorne mit dabei.

Der erste Artikel, der über Joachim Hempel in der Braunschweiger Zeitung *erschienen ist, datiert vom 9. Februar 1968: »Dokumente aus unseliger Vergangenheit«.*
Wir hatten in der 12. Klasse eine Jahresarbeit über »Braunschweig in der Zeit des Nationalsozialismus« erstellt und daraus in der 13. Klasse, also kurz vor dem Abitur, eine Ausstellung zusammengestellt, über die auch die Zeitung berichtete.

— Auflaufe gehen besser auf, wenn man die Auflaufform vor dem Einfüllen der Masse anwärmt.

Man liest es gern

Ratlos war eine Hausfrau an der Kasse eines Kaufhauses, als sie feststellte, daß ihr eine Mark fehlte, um einen großen Posten von Lebensmitteln zu bezahlen. Da meldete sich eine Hausfrau, gab zu den 73 die fehlende Mark hinzu und sagte: „Stecken Sie diese Mark bei Gelegenheit in einen Opferstock oder eine Sammelbüchse für einen guten Zweck." Sprach's und verschwand.

Stadtführer die Gastbusse auf ihren Rundfahrten begleitet hatten, ein Brief in das Büro am Hauptbahnhof mit einer bösen Beschwerde: Der Stadtführer hatte die Jasperallee als Straße vorgestellt, „die nach dem Philosophen Karl Jaspers benannt worden ist". Schulze: „Wir haben den Mann sofort entlassen."

Zufällig hatte in dem Rundfahrtbus ein Braunschweiger gesessen, der um die Bedeutung des Braunschweiger Politikers Heinrich Jasper wußte.

Ein anderer Stadtführer wußte auf die Frage, wen das Denkmal am Fuß des Gaußberges darstellte, keine Antwort. „Natürlich sollte man annehmen, daß der Braunschweiger Mathematiker Gauß jemandem, der sich als Stadtführer bewirbt,

Spray!" Das ist in einem Satz das Ergebnis, zu dem die Vorstandsmitglieder des Tierschutzvereins Braunschweig und Umgebung während ihrer Sitzung im Haus zur Hanse kamen.

Vorsitzender Fred Ehlers: „Die Post sagt, das Pfefferöl sei unschädlich. Unsere Tierärzte sind da anderer Meinung." Sie sagen, daß der Pfeffer die Hornhaut und Bindehaut der Augen angreift und schädigt. Als Spätfolge kann sogar Erblindung eintreten."

In einer Stellungnahme bedauert der Tierschutzverein, daß sich die Oberpostdirektion nicht mit seinen Vertretern vor dem Verteilen der Sprühdosen an einen Tisch gesetzt hat. Vielleicht hätte man sich auf andere Mittel einigen können.

Fred Ehlers: „Die Post hat den Spray doch gar nicht nötig, sie hat andere Möglichkeiten. Sie kann doch die Zustellung von Postsachen verweigern. Besitzer von bissigen Hunden müssen dann ihre Briefe eben selber abholen."

Mitglieder zählende Verein, daß sie den Postboten Zugang zum Grundstück verschaffen, ohne daß die Beamten Gefahr laufen, durch Hunde gebissen zu werden. tz

„Rettet die Bundeswehr"

„Rettet die Bundeswehr" heißt das provozierende Thema eines Vortrages, den Journalist Hans-Georg von Studnitz am 16. Februar um 20 Uhr im Großen Saal des Atrium-Hotels hält.

Der Referent spricht auf Einladung des Arbeitskreises für Verteidigungspolitik der CDU Braunschweig. Im Anschluß an den Vortrag ist eine Diskussion vorgesehen.

tanken Maring Auto-Zentrum

Dokumente aus unseliger Vergangenheit

Neue Oberschule bereitet Ausstellung über die NS-Zeit in Braunschweig vor

Prompt kam der Verfassungsschutz in die Neue Oberschule, als Schüler dort ein Plakat entworfen hatten: rot mit weißem Kreis, darin ein Hakenkreuz, überdeckt vom Braunschweiger Burglöwen. Das Plakat sollte für eine Ausstellung werben, in der die Schüler vom 15. bis 24. März zeigen wollen, „wie es damals wirklich war". Die Schau heißt „Braunschweig in der Zeit des Nationalsozialismus" und ist, wie Oberstudiendirektor Dr. Linne sie sieht „mehr wert als hundert Stunden Gemeinschaftskunde".

Der Verfassungsschutz prüfte, ob die Darstellung des Hakenkreuzes auf dem Plakat gesetzeswidrig sei. Er befand: Sie ist es. Die Schüler werden ein neues Plakat malen, mit einem diesmal zerbrochenen Hakenkreuz hinter dem Burglöwen.

Die Idee der Dokumentations-Schau hatten Joachim Hempel und seine Freunde aus der Klasse 13 s. Die Lehrer halfen nach Kräften.

Wenn die Ausstellung ihren Zweck erreichen soll, dann muß sie die Schüler von heute mit den Mitteln und Methoden konfrontieren, mit denen das NS-Regime in Braunschweig schon zwei Jahre früher als im übrigen Deutschen Reich auf erschreckende Weise Fuß fassen konnte. Sie muß einer Generation, die auf ihre Frage nach dem „Warum?" häufig Ausflüchte statt Antworten erhält, eine unmittelbare Auskunft geben können, um am Beispiel der Vergangenheit vor Erscheinungsformen zu warnen, die der junge Mensch nicht ohne weiteres richtig zu deuten imstande ist.

Unterstützt wurden die Schüler auch vom Stadtarchiv und vom Landesmuseum. Sie besuchten — soweit möglich — auch Zeugen der Zeit nach 1933, baten sich Familien-Fotoalben, Reichsfettkarten, Ausweise, Zeitungen und Stadtpläne aus. Inzwischen ist die Sammlung beträchtlich angewachsen. In einem verschlossenen Raum wird sie aufbewahrt. Sie ist versichert. Alle Mitglieder der Schülermitverwaltung sammeln weiter.

Schon jetzt besitzen sie so seltene Dokumente wie das Protokoll der Landtagssitzung, in der Hitlers Ernennung zum Regierungsrat als Voraussetzung für seine Einbürgerung befürwortet wird.

In der Sammlung gibt es:

- ein Mutterkreuz in Bronze, Orden und Plaketten der Winterhilfe,
- eine SA-Uniform mit Dolch, Offiziersdolche und eine Hitlerjungen-Uniform mit Fahrtenmesser,
- Hoheitsadler, zwei NS-Fahnen, ein Fanfarenwimpel und viele Bilder von Aufmärschen und Sitzungen, von der Verhaftung des Oberbürgermeisters Ernst Boehme und Zeltlagern auf dem „SA-Feld", wie das Franzsche Feld damals hieß.

Zu Büchern aus der NS-Zeit kommen Mitgliedslisten. Plakate zeigen Aufrufe und Erlasse. Besonders wertvoll und aufschlußreich ist eine kleine Sammlung von Briefen, in denen jüdische Eltern gebeten haben, ihren Jungen während der Pausen im Klassenzimmer zu lassen, und Briefe, in denen die Eltern ihr Kind von der Schule nehmen.

- Die Sammlung ist aber noch nicht komplett. Darum bitten die Schüler jeden Braunschweiger, der noch Dokumente von [illegible] aus jener unseligen Zeit besitzt, [illegible] der Ausstellung zur Verfügung [illegible]. Alle Leihgaben werden [illegible] zurückgegeben.

Auf der S[illegible] Zeugen der Zeit sind die Schü[illegible] einige Merkwürdigkeiten [illegible] davon, daß [illegible] gleich freundlich [illegible] werden, suchen sie emsig [illegible]

- Im Dom [illegible] ein sogenannter „Ostko[illegible]tions-Fries" als Schmuck d[illegible] „Nationalen Weihestätte" gehangen haben. Kein Mensch weiß heute, wo dieser Fries zu finden ist, obschon er noch vorhanden sein soll.
- Auf einem Schrottplatz am Madamenweg soll noch heute das alte Auto stehen, in dem Hitler durch Braunschweig gefahren wurde.

Beides, Fries und Auto, sollen möglichst die Schau abrunden. Ob dies den Schülern wohl gelingt? eh

PLAKATE, BÜCHER UND DOKUMENTE aus Braunschweigs unseliger „brauner" Vergangenheit werden von den Schülern der Neuen Oberschule zu einer Ausstellung zusammengestellt, die der jungen Generation authentisch vor Augen führen soll, mit welchen Mitteln das NS-Regime sich in Braunschweig etablierte. Foto: Wesemann

Was wir Ihnen jetzt bieten, ist hochinteressant ... nämlich viele Angebote der Internationalen Kölner Möbelmesse 1968. Wir versprechen nicht zuviel. Sie werden Angebote finden, die zum Zugreifen einladen.

MÖBEL MARKWORT

Seit 1842 das Möbelhaus am Braunschweiger Dom

Ein Blick ins Archiv der *Braunschweiger Zeitung*: Am 9. Februar 1968 taucht der Name Joachim Hempel zum ersten Mal auf – als Organisator einer Schülerausstellung zur NS-Zeit.

War nicht der Nationalsozialismus immer noch ein Tabu? Immerhin lebten noch viele von den Tätern und Mitläufern.
Das war auch in Braunschweig so. Die Ausstellung konnten wir nur zeigen, weil uns unser Schulleiter Dr. Gerhard Linne, ein alter Sozialdemokrat, den Rücken stärkte. Das war auch für ihn nicht leicht. Wir fanden beispielsweise heraus, dass einer unserer Lehrer eine sehr kleine Parteinummer hatte.

Das bedeutete: Er war schon früh in die NSDAP eingetreten, also vor der Machtergreifung durch Hitler.
Der Lehrer war in der Tat schon vor 1933 in die Partei eingetreten. Wir hatten ein Mitgliederverzeichnis auf einem Dachboden in irgendeinem Karton gefunden.

Was geschah, als Sie den Ausweis gefunden hatten?
Wir haben das unserem Direktor gesagt, der hat es im Lehrerzimmer erzählt, die Reaktionen waren nicht nur lustig, wenn einer mit seiner Nazi-Vergangenheit konfrontiert wurde.

Sie erzählen: Das Mitgliedsverzeichnis haben Sie auf einem Dachboden gefunden. Das hört sich abenteuerlich an: Gab es denn keine Archive, etwa bei der Stadtverwaltung oder im Landesmuseum, in denen Sie wildern konnten?
Es gab nichts Archiviertes. Die Nazi-Zeit war einfach ein großes Tabu, da wollte keiner ran. Auch in meiner Familie, aber auch in denen meiner Freunde sprach man nicht darüber. Das war, als wäre einfach ein Jahrzehnt verschwunden.

Unser Direktor hatte Beziehungen, etwa zum Direktor Dr. Rolf Hagen vom Landesmuseum. Der gab den entscheidenden Hinweis: Auf dem Gewölbeboden vom Pauliner-Chor »Hinter Aegidien« lagen in Sack und Pack unsortierte Dinge aus dem Alltagsleben der 1930er und 1940er Jahre, die der Aufarbeitung harrten. Alles völlig unsortiert. Wir durften uns da oben die Objekte für unsere Ausstellung aussuchen: Straßenschilder, Uniformen, Lebensmittelkarten, Parteiprogramme, Wahlplakate, Mutterkreuze. Archiviert oder geordnet war nichts. Wir haben gesammelt, was uns als Schüler interessant vorkam. Das trugen wir in eine Liste ein, nahmen es mit und stellten es aus.

Der Braunschweiger Generalstaatsanwalt Fritz Bauer hatte beim großen Auschwitz-Prozess 1963 in Frankfurt die Anklage erhoben. Für Bauer waren autoritäre Staatsgläubigkeit und mangelnde Zivilcourage die Wurzeln des Nazi-Systems. Spielte Bauer, der in Braunschweig geachtet wie gehasst war, eine Rolle in der Schule?

In der Schule nicht. Alle, die die Nazi-Zeit miterlebt hatten, schwiegen einfach oder vertraten die These: Das ist alles viel zu frisch, deswegen kann man nicht darüber reden. Im alten Städtischen Museum gab es die ersten großen Veranstaltungen über Justiz in der Nazizeit. Da habe ich zum ersten Mal den Namen Fritz Bauer gehört. Diese Veranstaltungen wurden von dem Juristen und Richter Helmut Kramer verantwortet, der dafür sowohl unter Kollegen wie in der Öffentlichkeit nicht nur Lob erhielt, wie man sich denken kann, aber die Vorträge waren rappelvoll.

Waren diese Veranstaltungen eine Folge Ihrer Ausstellung im Gymasium?
Nein, aber eine Fortführung. Das Thema war auf der Stadtagenda auch dank der Berichterstattung in *BZ* und *Braunschweiger Presse*, die es damals noch gab, über unsere Ausstellung. Sie war die erste öffentliche Auseinandersetzung mit Braunschweig und dem Nationalsozialismus, die es in dieser Stadt überhaupt gegeben hat. Oberbürgermeister Ernst Böhme hat die Eröffnungsrede der Ausstellung gehalten. Wir sind danach auf die Dörfer gefahren und haben viele Zeitzeugen interviewt; da halfen uns der Vater von Ernst August Rohloff und der alte Ministerpräsident Küchenthal. Das war nicht ohne.

Niedersachsen war nach dem Krieg anfällig für alte und neue Nazis: 1951 war jeder zehnte Abgeordnete Mitglied der SRP, der »Sozialistischen Reichspartei«, die aus Ex-NSDAP- und SS-Mitgliedern bestand. Ende der sechziger Jahre zog die NPD erstmals in den niedersächsischen Landtag ein. War der NPD-Einzug ein Grund, warum Sie sich mit den alten Nazis beschäftigten?
Ja, in unserer Polit-AG haben wir intensiv über die Neo-Nazis diskutiert, die plötzlich als NPD in den Landtag gewählt wurden. Wir luden die Braunschweiger Landtagsabgeordneten in die Schule ein. Das war harmlos – bis wir den Abgeordneten von der NPD einladen wollten. Plötzlich kam der Verfassungsschutz in die Schule, wir bekamen Drohungen; in der Schule gab es heftige Auseinandersetzungen. Es gab auch Druck von Lehrerseite. Sie haben uns immer klein gemacht und mit Verbot von solch freiwilliger Schüleraktivität gedroht. Für die Vertrauenslehrer harte Arbeit! Aber unser Direktor Linne hat uns den Rücken freigehalten.

Aber Sie haben dennoch die Ausstellung über die Nazi-Zeit gezeigt, haben heftig diskutiert. Wie war das möglich?
Unsere Klassengemeinschaft funktionierte, wir hielten zusammen. So haben wir lernen können, unsere Meinung zu vertreten. Für mich war auch gut, dass ich in

Die Trauernde an der Ostkapelle des Doms ist das einzige Denkmal in Braunschweig, das an die Bombennacht mit Feuersturm am 14./15. Oktober 1944 erinnert. Jedes Jahr legt der Domprediger, wie hier 2008, eine Rose der Trauernden zu Füßen.

der Böcklerstraße mit Arbeiterkindern gespielt hatte. Ich kam mit allen zurecht, hatte nie Berührungsängste.

Waren Sie schon immer ein Draufgänger, einer, der das Wort führt?
Sie werden es kaum glauben: Bis zur 10. Klasse war ich ein ganz stiller, ganz zurückhaltender Typ, vielleicht auch in gewisser Weise ein von Angst besessener Typ.

Haben Sie Fußball gespielt – wie doch jeder in Braunschweig?
Ich war nicht sportlich, ich war sehr vorsichtig, vermied es, mich im Sport zu beweisen. Wenn ich mich gemeldet habe im Unterricht, dann habe ich mich nur gemeldet, wenn ich hundertprozentig sicher war und wusste: Das ist richtig. Ich war nicht doof, aber ich habe mich schon gefragt: Kannst du es dir erlauben, ein Streber zu sein? Darauf hatte ich keine Lust, wahrscheinlich wegen meiner sozialen Herkunft. Eigentlich haben mich erst einige Lehrer animiert, mich neugierig gemacht und mir etwas zugetraut. »Auffallen« war nicht opportun.

In welchen Fächern blühten Sie auf?
Geographie und Geschichte, das waren die ersten Fächer, in denen ich richtig gut war. Das blieb mein Leben lang. Es ist Mist, wenn einer nicht weiß: Wo bin ich? Warum bin ich? Der Knoten ist am Ende der 10. Klasse geplatzt, dann allerdings richtig. In der 11. Klasse war ich schon Kultur-Referent der Schüler-Mitverwaltung. Ich hatte auch mal kandidiert als Schulsprecher, da wurde ich aber nur Dritter. Mein Freund, der Schulsprecher wurde, bestimmte: Einer wird mein Stellvertreter, und dann brauchen wir noch einen, der sich kümmert um den kulturellen Kram, um eine Polit-AG und die Kunst-AG. Dafür war ich dann zuständig.

Können Sie sich an Ihren ersten öffentlichen Auftritt erinnern?
Ein Lehrer der Schule war gestorben, ein sehr beliebter Lehrer. Bei der Gedenkfeier in der Aula sollte auch ein Schülervertreter reden. Das ist meine erste »Beerdigungsansprache« gewesen. Damals hatte ich noch keine Ahnung, dass so viele andere folgen würden. Bei der Gelegenheit muss ich rednerisches Talent gezeigt haben, jedenfalls war es nicht das letzte Mal, dass ich in der Schule vor der ganzen Korona stand und redete.

Hatten Sie Lampenfieber?
Natürlich war ich aufgeregt, aber es hat mich nicht behindert. Ich fand es ganz spannend, dass alle mir zuhörten. Ehrlich: das fand ich richtig gut. Dann wurde ich Leiter der Polit-AG, mit der Polit-AG der Ricarda-Huch-Schule, das war die Mädchenschule – damals lernten Jungen und Mädchen noch getrennt – also mit der Mädchenschule organisierte ich gemeinsame Veranstaltungen. Die anderen machten in der Tanzschule den dicken Hermann, und ich machte den eben in der Politik-AG. Da gab es auch einige interessante Mädchen, die dieses Engagement auch nicht schlecht fanden.

Parallel dazu habe ich versucht, im CVJM mitzumachen, im Christlichen Verein Junger Männer. Das Engagement hat bis zum Abitur gehalten. Ich habe aber gemerkt: Der Frömmigkeits-Stil, der passt nicht zu mir. Das politische Nachtgebet passte schon eher zu mir, da fing es schon an zu kribbeln. Das veranstaltete ein Pastor, der eine eher progressive Jugendgruppe gegründet hatte. Da habe ich auch meine Frau kennengelernt.

Zu einer großbürgerlichen Erziehung, wie sie Thomas Mann in den »Buddenbrooks« literarisch festgehalten hat, gehörte auch die Religion. Hans Wisskirchen, ein Thomas-Mann-Biograph, erzählt von einer Karikatur des Lübeckers Johann Funk: Der Pastor inmitten seiner Lieben am Wohnzimmertisch, die Ehefrau und die drei Töchter mit gesenktem Haupte mit einer Stickerei beschäftigt, die Haare hochgesteckt, die Kleider bis zum Hals geschlossen, der Sohn dem Vater ehrfürchtig jedes Wort vom Munde ablauschend.

Das war Lübeck, Braunschweig war völlig anders. Kirche – die wird im Braunschweiger Land gesehen wie die Freiwillige Feuerwehr: Es ist gut, dass es sie gibt; aber es ist auch gut, wenn man sie nicht braucht.

Die einzige, die ihren Glauben ein bisschen zeigte, war meine Oma mütterlicherseits. Sie kam zweimal in der Woche, um im Haushalt zu helfen. Meistens plättete sie, wie wir das Bügeln nennen. Dabei sang sie merkwürdigerweise Kirchenlieder, und zwar diese alten Braunschweiger Klassiker: »Harre meine Seele« oder »Bis hierher hat mich Gott gebracht«, eher gemütsbetonte Choräle.

Der Großbürger ging doch sonntags in die Kirche.

Nie, sonntags sind wir mit dem Picknick-Korb in die Lüneburger Heide gefahren. Ich habe mit meinem Vater Pilze und Heidelbeeren gesammelt.

Auch Weihnachten nicht? Da platzt doch heute noch der Dom aus allen Nähten.

Nein, auch Weihnachten nicht. Wir hatten mit der Kirche außer Taufe und Konfirmation nichts im Sinn; sie stand nicht auf unserem Programm. Vielleicht habe ich deshalb eine weltzugewandte Frömmigkeit. Ich war immer verbunden mit dem Alltag der Leute, und das blieb auch später so in meiner Zeit als Pfarrer.

Ich kann mich sehr gut auf die unterschiedlichsten sozialen Situationen einlassen. Das hilft mir in der Seelsorge. Das bedeutet: Ich komme nicht irgendwo hin und sage: »Wenn du nicht so glaubst wie ich, dann bist du kein richtiger Christ.« Das ist ein kirchliches Drama, dass die eigene religiöse Sozialisation zum Maßstab des Glaubens anderer gemacht wird. Die Bibel kennt aber kein »Pisteuometer« – einen Glaubensgradmesser.

Ich habe nie Berührungsängste gehabt, egal mit wem. Ich kam in Äthiopien zurecht und im westlichen Ringgebiet Braunschweigs, dort wo ich sehr schlichten Menschen begegnete. Das hat mich nie gestört, das fand ich oft herausfordernd. Und manchmal habe ich auch mit meiner Einschätzung ganz schön daneben gelegen.

Ich erinnere mich an einen Mann, einen ziemlich dicken Kerl, der nach dem Tod seines Vaters einen völlig ungerührten Eindruck machte, fast überheblich. Da sagte ich zu mir: »Dem werde ich es schon in meiner Beerdigungs-Rede zeigen!«

Da komme ich ins Krematorium, stehe oben über dem Sarg, da sitzt dieser Mann und flennt Rotz und Wasser. Ich habe mein Manuskript zur Seite gelegt und diese Situation aufgegriffen.

Die unterschiedlichen Begegnungen mit unterschiedlichen Menschen haben mich davor bewahrt, mit so vorgefertigten Rastern auf die Menschen loszumarschieren, sie hinein oder heraus zu sortieren. Das hat mich mein ganzes Pfarrerdasein begleitet: Immer offen auf die Menschen zuzugehen, zu schauen: Was sind das für Leute?

War diese Menschenliebe die Motivation, Pfarrer zu werden und nicht Historiker oder Geograph oder Druckereibesitzer?
Ja, das kann gut sein. Wenn du Freude an Biografien hast, wenn du Lust an Leuten und ihren Geschichten hast, dann kannst du in meinem Beruf ständig aus dem Vollen schöpfen. Du triffst Menschen ohne Ende, und du hast einen Amtsbonus: Du kommst durch jede Tür. Niemals in meinem Leben ließ man mich vor der Tür stehen. Und ich habe neben Adel und neben gewesenem Adel gesessen, ich bin in Gefängniszellen gewesen und in der Arrestzelle einer Kaserne, im Flüchtlingscamp und in einer Villa.

Beteten Sie zu Hause niemals? Auch nicht bei Tisch? Auch nicht vor dem Schlafengehen?
Selten. Mein Interesse für Religion und Kirche entwickelte sich erst langsam in der Oberstufe. Ein Pastor hatte drei Jahre nach der Konfirmation die jungen Leute eingeladen: Wollen wir nicht einen Jugendkreis gründen? Wir fanden das als Truppe ganz gut; das andere, das Religiöse, das blieb erst mal zweitrangig. Wir sprachen schon über Themen, die aktuell waren und für uns wichtig, etwa: »Wie geht das weiter mit unserer Demokratie?« Zu der Zeit fuhr noch englisches Militär durch Braunschweig.

Wenn man sich politisch engagiert, sucht man sich eine Partei aus, heute vielleicht auch eine Initiative oder NGO. Wen haben Sie erwählt?
Kurz vor dem Abitur bin ich in die Junge Union eingetreten. Das hat aber nicht lange vorgehalten. Ich fand es erbärmlich, wie die CDU mit ihrem Kanzler Ludwig Erhard umging. Er wurde fallen gelassen, damit in einer Großen Koalition die CDU an der Macht bleiben konnte. Wie uns jungen Engagierten das verkauft wurde, war einfach widerwärtig: Nur um an der Macht zu bleiben, lassen sie einen fallen, für den wir noch im Wahlkampf gekämpft hatten.

Eineinhalb Jahre war ich in der Jungen Union, einen Bundestagswahlkampf lang, um dann zu merken: Das ist nicht dein Stil, dein Umgang mit Wahrheit und mit Macht schon gar nicht.

Das war die erste tiefe Berührung mit der Macht.
Ja, und ich habe noch gedacht: Die CDU nennt sich noch christlich-demokratisch. Da war mir noch gar nicht klar, ob ich Theologie studieren wolle. Das ist erst später rausgekommen.

Pfarrer machen gerne Politik, gerade in Parteien. In welcher Partei engagieren Sie sich?
In keiner. Die Parteien sind für mich eine Krückenkonstruktion. Die wirklich wichtigen Fragen sind zu groß. Wir können es uns nicht mehr leisten, einen bedeutenden Teil der Bürger am Mitdenken von Lösungen zu hindern nach dem Motto: Die Regierung hat recht, die Opposition unrecht, und im andern Fall gilt es dann umgekehrt. Nach dem Grundgesetz wirken die Parteien an der politischen Willensbildung mit, faktisch haben wir weithin eine Parteiendemokratie; das ist ja von mehreren Bundespräsidenten auch schon kritisch festgestellt worden.

Eine Bürgergesellschaft braucht mehr Formen der Bürgerbeteiligung als nur Parteien. Da hat sich ja glücklicherweise viel entwickelt. Aber das alte Parteien-Lagerdenken ist immer noch gut für Wahlkampf.

Ich glaube, um die wirklich wichtigen Fragen zu lösen, braucht es das Zusammenarbeiten aller nur möglichen Ideengeber. Dazu steht zu viel auf dem Spiel. Es müssten sich die Intelligenten und Intelligentesten zusammenfinden.

Das ist die alte Idee Platons: Die Philosophen müssen das Land regieren!
Ja, und wenn unsere Parteien – aus welchen Gründen auch immer – noch so weiterleben müssen, dann brauchen wir transparteiliche Gremien, wo die Besten drinsitzen. Nicht nur Philosophen, sondern von allen Menschen im Land die besten. Wir brauchen mehr Typen wie Klaus Töpfer – auch mit dem Wandel, den er durchgemacht hat, als er Umweltminister wurde. Solche Leute haben mir immer imponiert, egal, in welcher Partei sie sind.

Deswegen lade ich zum Politischen Buß- und Bettag auch unterschiedlichste Leute ein, die ganze Bandbreite. Ich bin interessiert an der Person, nicht an der Partei.

Den politischen Buß- und Bettag haben Sie im Dom eingeführt, als unsere Regierung Geld brauchte für die Pflegeversicherung und dafür den Buß- und Bettag opferte – auch unter dem Beifall der evangelischen Kirche.

Ich war dagegen, deshalb lade ich die Bürger und die Politiker am Abend des Buß- und Bettags in den Dom ein. Die erste war Renate Schmidt aus Bayern. Aus Bayern war bei uns eigentlich immer nur Franz-Joseph Strauß bekannt oder der Stoiber. Da habe ich gesagt: Ich will mal eine andere Stimme hören. Der erste Satz von Renate Schmidt im Dom war: »Ich bin übrigens vor sechs Wochen wieder in die Kirche eingetreten.« Damit hatte sie schon mal die CDU-Leute still gestellt, die sich über die Einladung einer SPD-Politikerin aufgeregt hatten.

Dokumentation
Der politische Domprediger zur Atomkraft
(GEMEINSAM-Preis 2011 – Laudatio zum 2. Sieger)

Wenn ich sie so daliegen sehe – im morgendlichen Sonnenlicht oder auch abends, wenn letzte Sonnenstrahlen sie umschmeicheln, ich könnte richtig ins Schwärmen geraten. Und wenn ich Dichter mit starker Neigung zur Romantik wäre, sie käme garantiert in einer Ode an die Freude vor – so schön anzuschauen ist sie! Nun bin ich aber von Hause aus Seelsorger und die lassen sich eher vom Outfit, vom äußeren Schein nicht so beeindrucken; sie fragen nach der Situation im Inneren, nach den Befindlichkeiten von Seele und Gemüt. Und da steht's um sie, »Die Schöne«, nicht wirklich gut.

Ja, ihr Zustand ist eher besorgniserregend bis beängstigend. Lange Zeit ist ihr wirklicher Zustand im Inneren nicht beachtet worden; sie nahm allerlei zu sich, um es zu verdauen – doch Verdauungsstörungen wurden immer offensichtlicher. Bis eines Tages einige Nachbarn misstrauisch wurden, genauer schauten, auch fragten, auch noch einmal fragten, um Überprüfung baten, sozusagen ratend: »Du musst dich mal richtig durchchecken lassen, meine Liebe.«

Diese Nachbarn schworen sich: »Wir werden sie nicht wieder aus den Augen lassen, sie ist uns ans Herz gewachsen; und wir möchten auch, dass Kinder und Kindeskinder sich noch mit ihr ergötzen und freuen.« Nun, Sie werden's inzwischen erahnt haben, meine Schöne ist die Asse und ihre sich kümmernden Nachbarn sind die von der »Initiative AufpASSEn«.

Endlich, möchte ich sagen, wurden Sie von den Leserinnen und Lesern der *Braunschweiger Zeitung* auf Platz 2 gewählt. Endlich findet das Engagement auch hier seine Würdigung, denn die Initiativ-Initiatoren haben vom einsamen Rufer in der Wüste bis zum anerkannten Gesprächspartner bei Fachleuten, in Gremien und beim Bundesamt für Strahlenschutz sowie der Landesregierung vor allem durchgehalten; Sie haben in friedfertiger Weise, stets argumentierend und nicht grölend, geredet und gehandelt; Sie haben mit pfiffigen Ideen Menschen überzeugt – auch im Namen Ihrer Initiative der Rechtschreibreform intelligent getrotzt – und bundesweite Aufmerksamkeit für den kleinen, schönen Höhenzug südlich von Braunschweig im Landkreis Wolfenbüttel geweckt. Ihr gelbes »A« steht nun an vielen Stellen in Stadt und Land, klebt an Autos und in Fenstern. Menschen der Region aus unterschiedlichen gesellschaftlichen Kreisen haben sich Ihrem bürgerschaftlichen Engagement angeschlossen.

Dass in Zeiten einer noch vor kurzem nicht für möglich gehaltenen Denk-Wende zur Atomkraftnutzung nun der Lagerstätte Asse besondere Aufmerksamkeit gilt, ist Ihr Erfolg. Viele, die da jetzt aufgrund tschernobylisierter und fukushimatischer Notwendigkeiten auch für die Endlagerung und ihre Probleme Interesse zeigen – oder zeigen müssen –, können sich bei Ihnen, Ihrem Sachverstand, Ihrer Gradlinigkeit, Ihrer Stringenz und Ehrlichkeit ein Stück davon abgucken, was eine Gesellschaft braucht, damit Schadensphänomene ihr nicht fehleingeschätzt über den Kopf wachsen.

Danke, dass Sie stellvertretend aufgepasst haben, der 2. Preis soll Ihnen Anerkennung und Ermutigung zugleich sein. Er gebührt Ihnen für außerordentliches bürgerschaftliches, ehrenamtliches Engagement in einer wahrlich heiklen Mission.

Ob die Pläne und Methoden zur Heilung des maroden Asse-Bergwerks gelingen, steht noch längst nicht fest. Aber Sie werden auch weiter aufpassen, dass niemand sich vor den Problemen mehr drückt. Und Sie werden immer wieder beim Namen nennen, wer in der Verantwortung steht und wofür.

»Bewahrung der Schöpfung« ist manchmal ganz schön konkret; übrigens genauso wie die Produktion von Müll ganz schön konkret ist. Nicht nur der Asse wegen müssen viele aufpassen; aber meine Schöne, im Abendsonnenlicht Schimmernde, hat es besonders verdient.

Dank und Respekt!

6. Studium im frommen Franken, roten Marburg – und Examen in Göttingen

Es gibt kein Bekehrungserlebnis. Die Bibel führt Joachim Hempel zu Kirche und Theologie. Die Bibel wird zum Gedanken- und Herzensöffner, führt über Kohelets »Alles hat seine Zeit« zur Freiheit des Denkens und schließlich zu Bonhoeffer, dem großen Vorbild als Theologe und noch mehr als Mensch. Das Studium verdient er sich als Geldausträger der Post, belächelt von den Postveteranen: von Neuendettelsau, wo er wegen des dürftigen Essens eine Demonstration anzettelt, über das rote Marburg nach Göttingen, wo er seine Examensarbeit schreibt – über Bonhoeffer.

Die Achtundsechziger hatten keine Schwierigkeiten, einen Arbeitsplatz zu finden. Jeder konnte also nach Lust und Laune studieren, entweder mit dem Geld der Eltern oder mit dem Geld des Staates. Wie bereiteten Sie sich aufs Studium vor?
Ich wollte gerne wissen, wo ich hin will. Das schien mir am leichtesten, wenn ich mich in Richtung Schule orientierte, also: Studienrat für Gemeinschaftskunde und Geschichte. Da habe ich lange hin und her überlegt.

Es war für Sie auch kein Graus, Lehrer zu werden?
Damals gab es die Disziplin-Probleme noch nicht wie heute. Ein Klassenbuch-Eintrag war zu meiner Zeit noch ein Klassenbuch-Eintrag, das war schrecklich. Oder eine Fünf in einer Klassenarbeit oder im Zeugnis: Einfach schrecklich! Ich habe einmal in meiner Schulzeit einen Blauen Brief bekommen, weil ich in Physik auf eine Fünf abgerutscht war. Das hatte noch Konsequenzen! Da fiel eben zum Beispiel die Jugendreise in den Ferien nach Jugoslawien aus.

Und wie sind Sie auf die Idee gekommen, Theologie zu studieren? In die Wiege war es Ihnen nicht gelegt, Ihre Eltern haben Sie nicht darauf vorbereitet.
Wie so oft sind es Menschen, die wir zur rechten Zeit kennenlernen. Bei mir war es der Pastor, der uns in einem Jugendkreis zusammengeholt hatte, das war in der 13. Klasse. Mein Weg ging über die Kirche, nicht über ein persönliches Bekeh-

rungserlebnis, erst recht nicht über praktizierte Frömmigkeit und auch nicht über den Religionsunterricht; da setzten sie uns damals nur Wissen vor, papiernes Wissen.

In dieser Zeit habe ich Interesse an der Bibel gefunden, ich fand das Buch und seine Geschichten spannend: Das Buch war der Gedankenöffner und wurde zum Herzensöffner, das pralle Leben.

Was hat Sie an der Bibel gereizt?
Was mich an der Bibel fasziniert hat, war etwa der synoptische Vergleich – also: Wie kann es sein, dass von einer Geschichte drei Leute so unterschiedlich berichten? Wo genau unterscheiden sie sich – und warum? Das finde ich bis heute eine grandiose Seite unseres Heiligen Buches.

Das zweite, was mich fasziniert hat: Die kritischen Fragen, die politischen Fragen im Alten Testament. Der Pastor, der uns zum Gesprächskreis eingeladen hatte, bat uns, Fragen zu formulieren, über die wir reden wollten. Was interessiert euch? Das war schon eine sehr besondere Herangehensweise in der von klassisch orthodoxen Lehren geprägten Kirche. Ich sehe heute noch die Einladungskarten vor mir: »Gesprächsabend für junge Menschen, Gemeindehaus St. Pauli, erster Abend: Wie politisch sind die Propheten?«

Zu den ersten Texten zählte auch das Buch Kohelet (Prediger Salomo), ein Frage- und Suchbuch. Besonders Kapitel 3 war ungewöhnlich weise, in einer Zeit, wo gesellschaftlich viele Dinge ins Wanken gerieten: »Alles hat seine Zeit, und alles unter dem Himmel hat seine Stunde. Geboren werden hat seine Zeit. Sterben hat seine Zeit. Pflanzen hat seine Zeit. Ausreißen hat seine Zeit. Töten hat seine Zeit. Heilen hat seine Zeit.«

Zu meinem 60. Geburtstag hat meine Frau Gisela diese Verse im Dom wieder gelesen.

»Alles hat seine Zeit« war im Amerika der Achtundsechziger die Hymne der Friedensbewegung. Pete Seegers hat es komponiert, die Byrds haben es berühmt gemacht: »Turn, turn, turn«, eben Kohelet 3.
Es ist einfach ein großartiger Text. Diese Weisheit ist für mich der Schlüssel fürs Alte Testament gewesen. Ich fand es spannend, dass in diesen biblischen Texten unsere kritischen Fragen schon formuliert waren.

Diese tiefe Fragen, dies Zweifeln – das unterscheidet uns vom Islam. Fragen und Zweifel findet man im Koran kaum, da tritt immer ein Wisser auf: Der Prophet weiß alles, ihm sind die Antworten auf alles offenbart. Das wäre nichts für uns gewesen: von einem zu hören, der alles weiß. Wir hatten so viele Fragen. Ermutigt haben uns zwei junge Pastoren: Fragt! Fragt! Fragt! Dann habe ich mir gesagt: Warum eigentlich nicht? Ich wollte genauer wissen: Was ist das eigentlich mit diesem Jesus? Wer ist er?

Aber die Synopse, also der Vergleich der biblischen Texte, war ja nicht neu. Der kritische Blick auf die Wahrheit der Bibel musste nicht erfunden werden.

Vorsicht! Die historisch-kritische Forschung war »Theologie« und nur von ganz wenigen Pastoren in Bibelkreisen oder Predigten behutsam benannt. Diese Fragestellungen spielten im Gemeindeleben keine Rolle. Alle Pastoren – na: sehr viele – meinten: Die macht den Glauben kaputt.

Wir waren begeistert von Albert Schweitzer, vor allem von seiner Leben-Jesu-Forschung. Schweitzer stellte unsere Fragen und verknüpfte sie mit dem sozialen Engagement. Also fragten wir, was das Zeug hielt: Wie sozial engagiert sind wir? Singen wir nur noch alte Lieder? Wie ist es um Bürgergemeinde und Christengemeinde bestellt? Sind wir Christen Dulder aller politischen Systeme? Da schwangen natürlich erste Fragen zur Kirche im Nationalsozialismus mit und die Auseinandersetzung mit der »Opium-These« von Karl Marx.

Da gab's auf der einen Seite diese verknöcherten orthodoxen Lutheraner; auf der anderen Seite liefen einige Pastoren im Rollkragenpullover herum. Dazwischen lagen Welten! War das nicht spannend? Was ich bei denen im Rollkragen-Pullover geschätzt habe, war die Freiheit des Denkens. Das war das, was ich im Nachhinein im politischen Umfeld vermisst habe: Da haben sie dir schon vorher gesagt, was du nachher denken solltest – weil das eben politisch dran war. Diese Freiheit des Denkens hat mich in die Kirche geholt, wenn auch über Seitenwege.

Was waren diese Seitenwege?

Ach, sagen wir einfach: Das sind die Hempelschen Wege. Ich wollte machen, was andere nicht machten. Ich wollte eigene Gedanken denken und nicht Gedanken anderer wiederholen. Das blieb bis heute. Der Mainstream war noch nie mein Ding. Alle studierten Jura oder Sozialwissenschaften – ich nicht! Alle machten bei uns Theologen Seminare über Matthäus oder Amos – was habe ich gemacht? Jakobusbrief.

Warum?
Weil ich was entdecken wollte. Die berühmten Themen, mit denen sich alle beschäftigten, haben mich nie wirklich gefordert.

Wie reagierten Ihre Eltern, als sie erfuhren: Unser Sohn will Pastor werden?
Die Eltern haben lange gebraucht, um mich zu verstehen. Sie haben lange gebraucht, weil meine Entscheidung auch eine Entscheidung gegen den väterlichen Betrieb war.

Hat die Entscheidung für ein Theologie-Studium Ihren Eltern wehgetan?
Meinem Vater sicherlich, obwohl er mir das nie gesagt hat. Er hat sich schwer getan, weil es auch eine Entscheidung gegen seinen Lebensweg war. Meine Mutter hat mich immer unterstützt.

Hat Ihre Entscheidung, nicht in des Vaters Betrieb einzusteigen, das Ende der Druckerei beschleunigt?
Kaum, mein Vater kam mit der neuen Zeit, den neuen Techniken und den rasanten Veränderungen nicht mehr mit. Vielleicht war ich so eine Art Hoffnung für ihn, aber mehr nicht. Ich hätte den Niedergang auch nicht aufhalten können. In der Tat ging die Druckerei ziemlich bald in Konkurs. Da war ich aber schon als Vikar im Ausland.

Was haben die Braunschweiger gemunkelt, als der Sohn des Druckerei-Besitzers so aus der Art schlug?
Damals gab es in der *Braunschweiger Zeitung* eine Rubrik, in der die Namen der Abiturienten verzeichnet waren mit ihrem Berufswunsch. Da stand bei mir: Evangelische Theologie. Als das veröffentlicht war, haben Leute den Kopf geschüttelt: Der Sohn des Hempel von der Druckerei, der will Theologie studieren? Das hat mir schon ein bisschen Angst gemacht: Worauf lässt du dich eigentlich ein? Du kannst nicht in Braunschweig studieren, sondern irgendwo in der Fremde. Du musst Hebräisch und Griechisch lernen.

Mein Großonkel aus Hamburg, der Bruder meines Opas, der war Gemüsehändler; bei ihm durfte ich oft im Sommer auf dem Hamburger Großmarkt helfen. Der sagte nur: »Was ist denn mit dir los? Du bist doch eigentlich ein ganz vernünftiger Kerl.«

Wie hat sich ein achtundsechziger Abiturjahrgang in Braunschweig verabschiedet? Schon frech, gegen Tradition und Konvention gewandt?
Wir waren noch brav, alles war prima: Abschied von der Polit-AG in der Schule mit freundlichem Dank für Engagement, großes Lob und Abi-Ball. Wir führten eine tolle Inszenierung auf: Ein Parteitag der SED als kabarettistische Parodie. Da ich wegen unserer Verwandten in der DDR des thüringisch-sächsischen Zungenschlages fähig war, musste ich den Ulbricht geben. Wessen Idee das war, weiß ich nicht mehr, aber es war Laienspiel-Theater vor vollem Haus.

Und dann kam das Studium, Wintersemester 1968. Statt der großen Freiheit erst einmal Griechisch und Hebräisch, Vokabeln und Grammatik. Das machte mir nur bedingt Freude, weil ich von Anfang an das Ziel hatte, wirklich Pastor zu werden. Ich hatte nie vor, eine wissenschaftliche Karriere zu machen. Ich wollte in einer Gemeinde arbeiten, wollte etwas gestalten und bewegen.

Ihr Vater war inzwischen arbeitslos, das Geld wurde knapp bei Hempels. Wie haben Sie Ihr Studium finanziert?
Ich musste mir mein Studium selber verdienen: Für die Post habe ich Telegramme ausgefahren und telegraphische Geldanweisungen und Eilbriefe, so was gab es damals noch. Ich fing morgens um 5.45 Uhr an, wenn ich Frühschicht hatte, und abends ging es bis 22 Uhr in der Spätschicht.

Ich fuhr mit dem Moped durch die Gegend und habe mich mal vor dem Theater schwer auf die Klappe gelegt, weil ich in die alten Straßenbahnschienen geraten war. Ich musste oft sehr früh Leute raus klingeln, weil die dringend auf Geld warteten. Ich war auch im Rotlichtviertel unterwegs, das Geld immer in einer Umhängetasche. Die Kollegen von der Post haben schnell rausbekommen, dass ich Theologie studierte. In den Kaffeepausen in der Post am Bahnhof war ich dann der Pastor. »Du bist doch eigentlich ein ganz vernünftiger Kerl (wieder dieser Satz...)! Was willst du in dem Laden?«, hauten sie mich an und witzelten über uns Studenten, die nur demonstrieren, nicht arbeiten und nicht studieren – »und wir müssen dafür Steuergelder zahlen«.

Ich musste sparen, und um ein Sprachsemester zu sparen, schrieb ich mich für einen Ferien-Sprachkurs an der Augustana-Hochschule ein, in Neuendettelsau in Mittelfranken nahe Ansbach. Ich musste mehrmals umsteigen und landete mitten in der fränkisch-lutherischen Botanik. Das war echte bayrische Landeskirche: Morgengebet, Knien und offene Beichte – da habe ich manchmal geweint in den Wäldern von Neuendettelsau aus Verzweiflung, ob das wohl alles so gut war. Es gab eine Dorfkneipe. Es gab eine wissenschaftliche Buchhandlung und eine

Telefonzelle. Ansonsten schrieb man Postkarten. Und das Essen! Die Diakonissen bekochten uns, das schmeckte mir nicht, das war sehr gewöhnungsbedürftig.

Am Essen entzündeten sich die ersten und wohl auch letzten Studentenunruhen, die es in Mittelfranken gegeben hatte. Eine studentische Initiative gründete sich zur Verbesserung der Versorgung der Verpflegung. Die Diakonissen waren traurig, weil das die erste Kritik an ihren Kochkünsten war. Ich war auch beteiligt am ersten und weithin einzigen Demonstrationszug der Studenten durch Neuendettelsau – für die notleidenden Menschen in Biafra in Afrika, wo täglich Tausende von Menschen, die meisten Christen, verhungerten; Bilder von Kindern mit aufgeblähten Hungerbäuchen gingen um die Welt. Ich sehe noch diese Neuendettelsauer Bauern aus den Fenstern schauen: Die verstanden die Welt nicht mehr.

Nach zwei Semestern Neuendettelsau ging es nach Marburg, an die rote Uni, an der Kommunisten lehrten mit Wolfgang Abendroth an der Spitze, den Jürgen Habermas einen »Partisanen-Professor im Lande der Mitläufer« nannte.

Marburg – das war schon eine bewusste theologische Entscheidung. Ich habe mich mehr mit Marx und Lenin rumgeschlagen als mit Luther. Die großen kritischen Theologen lehrten damals in Marburg:

Ernst Fuchs, der Neutestamentler;
Otto Kaiser, der Alttestamentler, der war damals ganz jung dabei;
Dietrich von Oppen, der Sozialethiker;
Carl-Heinz Ratschow, der Systematiker;
Ernst Würthwein, Christian Gremmels, Friedrich-Wilhelm Kohls.

Es war das gute klassische Marburger Theologie-Programm und eine sozialethische Fragen thematisierende neue Generation von Professoren und Assistenten. Da habe ich die »Entstehung der Kapitalismus- und Sozialismus-Ideen« von Sweezy gelesen.

Und schwenkten politisch ganz weit nach links?

Was heißt links? »Selbstbestimmt« war das Wort, das bedeutete: Entweder kommst du nicht weiter, weil keiner etwas für dich organisiert, oder du machst selber etwas, organisierst dich selbst. Ich hatte tolle Kommilitonen erwischt, ganz unterschiedliche Leute, Hessen und Pfälzer, drei Frauen, vier Männer. Wir haben uns zu einer privaten Arbeitsgemeinschaft zusammengetan.

Das war eine sehr prägende Zeit, weil mein Lehrer Otto Kaiser ein Faible für »meinen« Kohelet und die Weisheitsliteratur hatte und ein sehr lebendiger Lehrender war. In Marburg las auch der Kirchenhistoriker Ernst Benz, er ließ die Idee in mir keimen, Kirchen wie die in Äthiopien kennenzulernen, also Kirchen, die nicht durch die griechische Philosophie geprägt waren.

Zwei Semester in Neuendettelsau, drei Semester in Marburg und die letzten drei sowie das Examenssemester in Göttingen. Wann mussten Sie sich entscheiden: Pastor oder Wissenschaftler?
Eigentlich erst kurz vor Ende des Studiums. Doch der Ausbildungsdezernent der braunschweigischen Landeskirche wollte mich am liebsten morgen schon als Pastor einsetzen. Es fehlte der Nachwuchs an allen Orten. Für mich waren das grandiose Bedingungen: Viele Stellen und keine Bewerber! Also beeilte ich mich, heiratete und schob das politische Engagement beiseite. Ich habe zwar noch gegen das bayerische und das hessische Hochschulgesetz demonstriert, aber das geschah mehr aus studentischer Übung.

Geht das so einfach: Sich von heute auf morgen aus der Politik verabschieden? Sie sind doch ein politischer Mensch.
Ich habe nur meinen politischen Schwerpunkt verlagert, mischte mich in die kirchliche Studentenpolitik ein, wurde Sprecher vom Konvent der Braunschweiger Theologiestudenten, engagierte mich bei der Ausbildungsreform in der Landeskirche.

Kommen wir zum Ende, zur Examensarbeit. Sie ist auch eine Summe der Erfahrungen, die man im Studium gemacht hat: Was war mir wichtig? Wo will ich hin?
Im ersten Examen blieb ich beim wichtigsten Thema meiner Schulzeit: der Nationalsozialismus und die Menschen, die ihm widerstanden oder die mitliefen. »Dietrich Bonhoeffers Stellung zum Arierparagraphen« war das Thema.

Der Theologe Dietrich Bonhoeffer war einer der entschlossensten Gegner der Nazis. Auf ausdrücklichen Befehl Hitlers wurde er 1944 hingerichtet. Noch 1948 protestierten Pastoren in Bielefeld dagegen, eine Straße nach Bonhoeffer zu benennen. War dieser Bonhoeffer ein Vorbild für Sie?
Unbedingt. Bonhoeffer interessierte mich schon zu Schulzeiten. Bonhoeffers Biografie habe ich abends gelesen, das war für mich wie eine Art Offenbarung. Ich lernte von Bonhoeffer, was Verantwortung bedeutet – und wie sie in deinem Leben verankert sein muss. Es reicht nicht, gläubig zu sein – so schön das für einen Menschen auch sein kann. Der Glaube muss eine Verbindung haben zur Einsicht und zur Erfahrung. Das hat mir die Lektüre von Bonhoeffers Texten vermittelt.

Ich hatte das Glück, für meine Examensarbeit ein sehr langes Telefongespräch mit Eberhard Bethge führen zu dürfen, dem Freund und Biographen von Bonhoeffer, der damals schon ein alter Mann war.

Bonhoeffer hat Sie Ihr gesamtes Pfarrerleben begleitet. Sie zitieren ihn immer wieder in Ihren Predigten. Was hat Sie am meisten bewegt?
Er hat nicht gelassen, er ist sich treu geblieben. Die Nazis haben ihm immer wieder Angebote gemacht: »Ihnen passiert nichts, wenn Sie das machen und dies unterlassen.« Aber er ist bei dem geblieben, was er für sich selber als existentiell anerkannt hatte. Schauen Sie sich nur die Briefe an, die er seiner Verlobten geschrieben hat, diese Liebe auf einer sehr reflektierten Ebene. Damals war ich selber verlobt. Das hatte schon biografische Anknüpfungspunkte.

Bonhoeffer war für mich der eigentliche Zugang zum Glauben. Selbst unter Androhung von fürchterlicher Folter sagt er: Da ist etwas, das ist größer und das ist umfassender.

Ich wollte Glaube nicht klein haben, sondern ich wollte ihn wie ein Lebenselixier haben. Und ich habe schlaflose Nächte gehabt, das gebe ich gerne zu. Bonhoeffers Leben, Liebe, sein Glauben und sein Tod, das ist mir schon sehr, sehr nahe gegangen. Er hat mich auch nicht mehr losgelassen.

Wie reagierten Ihre Prüfer auf das Thema? Bonhoeffer war auch 1973 noch ungelitten in weiten Kreisen der Kirche.
Mein Prüfer in Wolfenbüttel war Professor für Kirchengeschichte, dessen Rolle in der Kirche im Dritten Reich nicht unumstritten war. Der lehnte das Thema ab mit dem Argument: »Das ist zeitgeschichtlich und noch nicht prüfbar.« Ich ging zum Ausbildungsreferenten, der als Vikar der Bekennenden Kirche angehört hatte. Der sagte nur: »Wenn Bonhoeffer nicht in die Kirchengeschichte gehört, dann nehmen Sie ihn in die Ethik und schreiben Ihre Arbeit bei mir.«

Kam Bonhoeffer schon in Ihren Predigten vor?
Meine erste Andacht hielt ich in Neuendettelsau über Jona, den Mann mit Walfisch. Und die erste Predigt? Die habe ich schon nach dem 3. Semester gehalten, in der Paulikirche. Ich wollte predigen, ging zu meinem damaligen Pastor und habe gesagt: Ich würde gern predigen. Der war einverstanden: »Wir bereiten das zusammen vor.« Und dann habe ich gepredigt über den ersten Johannesbrief, der war damals ein ganz großes Thema nach 1968: Die einen haben gesagt: Gott ist tot; die anderen: Gott ist Liebe. Da spielte Bonhoeffer schon eine Rolle, ich habe

ihn oft zitiert. Es gibt Sätze von ihm, die jeder nachsprechen kann ohne große Schwierigkeiten, egal wie seine persönliche Befindlichkeit ist.

Es war schon eine innere Befriedigung, als ich vor kurzem mit Oberlandeskirchenrat Thomas Hofer unsere Partnerkirche in Tschechien besucht habe und auf dem Rückweg in Breslau hielt. Wir haben Blumen am Bonhoeffer-Denkmal niedergelegt und eine Andacht gehalten. Bonhoeffer ist in Breslau geboren, sein Vater war Psychiatrieprofessor. Die Breslauer halten ihn hoch in Ehren: Er ist einer der großen Versöhnungsmenschen zwischen Deutschen und Polen.

Bonhoeffer steht stellvertretend für unser deutsches Dilemma: Wie stark darf ich mitlaufen in einer Diktatur? Wie viel Widerstand ist moralisch erlaubt? Wie viel ist nötig? Es ging oft nicht nur um einen Einzelnen, sondern um seine Familie, ihren Wohlstand und die Zukunft der Kinder, die nur bei politischen Zugeständnissen von Vater oder Mutter studieren durften.

Das war die große Auseinandersetzung, die wir im Studium heftig diskutierten: Warum hat Professor X an der Rostocker Universität gesagt: Ich arbeite mit denen zusammen? Die Antwort des Professors: »Ich habe fünf Kinder zu ernähren.« Damit war die Sache erledigt. Da sage ich bis heute: Leute, wenn du nicht selber in dieser Situation bist, ist das kein Thema für dich, sind das nur theoretische Bekenntnisse. Wenn du aber drinsitzt in dem Dilemma: Was ist denn dann? Wie gehst du um mit deiner Angst und der Verantwortung für andere? Also – Widerstand: Ja, das ist als Forderung eine tolle Sache.

Ein Favorit von mir, wenn es um Widerstand in der Diktatur geht, war Alfred Anderschs »Sansibar oder der letzte Grund«. Der Roman spielt im Mecklenburg der Nazi-Zeit, in der Schule habe ich ihn gelesen, er hat mich bis heute begleitet.

In Göttingen geht das Studium zu Ende ...

... und ich hatte zwei Angebote als Assistent an der Uni, das hätte bedeutet: Dissertation und vielleicht sogar Habilitation. Aber die Angebote interessierten mich nicht. Da war mir zu viel Papier, zu viel Wiederholung. Im Studium hatte ich zu oft die immer selben Themen gehört; alles war schon tausendmal gesagt: Schau dir theologische Bibliotheken an, du findest die immer gleichen Themen ohne Ende. Wer wartet denn auf die tausendste Wiederholung des Klassikers: Was hat Jesus wirklich gesagt? Und Klassiker gibt es ohne Ende.

Welches waren und sind denn Ihre wahren Klassiker, zu denen Sie immer wieder zurückkehren?

Der Traum von Afrika beginnt während des Studiums: Joachim Hempel verwirklicht ihn gleich nach seinem ersten Examen. Kurz vor seinem Abschied als Domprediger besucht er 2014 mit einer Braunschweiger Delegation noch einmal die Deutsche Schule in Addis für die Ärmsten der Armen. Sie hatte er mit seiner Frau Gisela vor vierzig Jahren mit gegründet.

Augustinus, der Lehrer der Kirche; Johannes Chrysostomos, einer der Kirchenlehrer der Orthodoxen Kirche; Ambrosius aus Mailand, ein Zeitgenosse von Augustinus. Sie haben als frühe Theologen ihre Aussagen in nicht-christlichem Umfeld errungen und formuliert. Sie mussten sich auseinandersetzen, um zu Klarheit zu gelangen.

Nach dem Examen kam diese verrückte Idee, die noch keiner vor Ihnen in der Landeskirche hatte: Ich möchte als Vikar ins Ausland. War das wieder so ein Weg, den Sie gehen wollten, weil den noch keiner vor Ihnen gegangen war?

Das will ich nicht ausschließen, aber eine Portion Neugier war auch dabei. Verrückt fand die Idee auch der Oberlandeskirchenrat in Wolfenbüttel. »Wir brauchen Sie hier«, sagte er nur. »Sie können sich heute schon eine Pfarrstelle aussuchen« hatte er mir schon versprochen, da hatte ich nicht mal mein erstes Examen. So dringend war es.

»Na ja«, sagte er, »machen wir das doch mal so: Wenn das erste Examen so ist, dass wir uns nicht schämen müssen, dann wollen wir Sie gerne für ein Auslandsvikariat weggeben.« Damit war die Idee geboren, einen Teil des Vikariats, das damals auf gut zwei Jahre ausgelegt war, im Ausland zu verbringen.

Was hat eigentlich Ihre Frau dazu gesagt: Ausland statt Gandersheim – so kurz nach der Hochzeit?
Meine Frau Gisela war in der Tat Lehrerin im Landkreis Gandersheim. Die Frage war wirklich nicht einfach zu beantworten: Unterbricht sie ihre Lehrertätigkeit vor dem zweiten Examen und geht mit mir ins Ausland? Oder bleibt sie hier? Also, das war schon eine spannende Phase.

Ich habe das Examen so bestanden, dass sich niemand schämen musste. Der Ausbildungsreferent fragte mich: »Wo wollen Sie eigentlich hin?« »Nach Äthiopien«, habe ich relativ schnell geantwortet, »ich will nach Äthiopien«. Er war irritiert: »Wieso?« Ich wollte eine orientalische Kirche kennenlernen, die nicht geprägt ist durch die griechische Philosophie, die unsere abendländischen Kirchen wie ein Aushängeschild mit sich herumtragen. Ich wollte erfahren: Wie geht Christentum unter anderen kulturellen Bedingungen?

Wäre da Arabien nicht der bessere Ort gewesen, also Abrahams Heimat?
Saddam Husseins Irak war nicht gerade eine Wunschstation; auch die anderen arabischen Länder am Golf wirkten nicht einladender. Die politische Situation 1973 zwischen Israel und seinen Nachbarn ließ viele Alternativen als nicht realisierbar erscheinen. Nein, da wollte ich nicht hin. Ich wollte nach Äthiopien.

Dokumentation
Ein »Wort zum Alltag« (von Joachim Hempel)

Wer einen Menschen verachtet, wird niemals etwas aus ihm machen können.
(Dietrich Bonhoeffer)

Kurz vor Kriegsende wurde der evangelische Theologe und Widerstandskämpfer Dietrich Bonhoeffer im Konzentrationslager in Flossenbürg hingerichtet. Kurz vor dem Ende des Krieges bringen die Machthaber jene um, die ihnen die Wahrheit ins Gesicht gesagt hatten.

Bonhoeffer sitzt in seiner Gefängniszelle, hofft auf seine Befreiung, auf Niederschlagung der Vorwürfe gegen ihn oder auch auf das Ende des Krieges – so rechnet er auf der anderen Seite damit, dieses Gefängnis nur noch tot zu verlassen. In dieser Zeit aufgewühlter und aufgescheuchter Seelen schreibt er täglich seine Gedanken auf, die später unter der Überschrift »Widerstand und Ergebung« veröffentlicht worden sind. Darin steht dieser Satz: *»Wer einen Menschen verachtet, wird niemals etwas aus ihm machen können.«*

Menschenverachtung geschieht schnell, unbewusst, sie kriecht, sie schleicht sich heran, dumme Bemerkungen sind der Anfang, wegschauen, absichtlich vorübergehen, das sind die kleinen Dinge. Aber Menschenverachtung kann Teil der Politik werden – auch daran wollen wir uns erinnern lassen.

Das gibt es bis in unsere Tage – und dabei gilt, was Bonhoeffer eben in diesem Zusammenhang auch feststellt: Nichts von dem, was wir im anderen verachten, ist uns ja selbst ganz fremd. Wie oft erwarten wir von anderen mehr als wir selbst zu leisten willig sind – und darum fordert er auf, die Menschen weniger auf das, was sie tun und unterlassen, anzusehen, sondern vielmehr auf das, was sie erleiden: Gerade Gemeinschaft mit denen zu halten, die leiden, körperlich oder seelisch, unter Krankheit, Entmutigung oder Ungerechtigkeit – Gemeinschaft zu halten, das gehört ins Stammbuch von Christen.

7. Ein 68er in Äthiopien: Kaiser, Revolution und hungernde Kinder

Der Domprediger erinnert sich bei einer Studienreise an den Vater, der in Afrika gekämpft hatte. Der Vikar stürzte sich zu Beginn seiner Pastoren-Zeit auch in ein afrikanisches Abenteuer: Äthiopien. Gestern noch Student, heute Predigt vor UNICEF- und Botschafts-Mitarbeitern und Lehrer an der Deutschen Schule. An Heiligabend predigt der Vikar bei 25 Grad in einem Camp vor deutschen Bauarbeitern und hat eine hermeneutische Einsicht, die ihn ein Predigerleben lang begleitet: Luther schaute dem Volk auf's Maul, aber er redete ihnen nicht nach dem Mund. Der Vikar erliegt der Faszination der Monarchie und erlebt ihr Ende, bevor er ins laute Braunschweig zurückkehrt.

Wann hatte Sie Afrika das erste Mal in den Bann geschlagen?
Zum ersten Mal von Afrika gehört habe ich von meinem Vater: Er war im Krieg in Ägypten. Auf einer Studienreise in Ägypten habe ich von ihm erzählt, als wir in El-Alamein an der Küste waren; dort sind über 4.000 deutsche Soldaten gefallen. In einer spontanen Andacht habe ich an meinen Vater erinnert, der Glück hatte und in englisch-amerikanische Kriegsgefangenschaft gekommen ist.

In Amerika hat mein Vater die Lagerdruckerei geleitet. Aus dieser Zeit habe ich immer noch Sachen bei mir aufbewahrt, etwa ein T-Shirt mit dem Aufdruck »POW« – Prisoner of War. Bei meiner Andacht in El-Alamein habe ich mit diesem T-Shirt angefangen und daran erinnert, Jahrzehnte nach Ende des Kriegs: Gewinner erinnern sich anders als Verlierer; Sieger anders als Besiegte.

Steuern Sie auf Ihren Fahrten direkt die Kriegsgräber an?
Überhaupt nicht: Ich fahre nicht herum und gucke mir Kriegsgräber an, aber man trifft auf sie an vielen Reisewegen, und sie treffen auf einen, meist ganz unerwartet. Aber in Ägypten sind wir bewusst hingefahren. In der gigantischen deutschen Kriegsgräberstätte sahen wir Granit-Sarkophage, gebaut nach alter ägyptischer Tradition. Auf denen sind die Namen der Länder des Deutschen Reiches vermerkt. Plötzlich stehen wir vor einem Sarg, auf dem »Braunschweig« steht. Da habe ich spontan die Andacht gehalten: Braunschweig in der ägyptischen Wüste!

Wie ist Ihr Vater eigentlich nach Ägypten gekommen?
Er ist in der Wehrmacht ausgebildet und trainiert worden – als Gebirgsjäger für den Einsatz in Norwegen. Statt in Eis und Schnee zu kämpfen, musste er plötzlich auf Tropentauglichkeit untersucht werden. Das hat mein Vater immer erzählt: Wir waren in Tirol eigentlich für Schnee trainiert worden und haben dann in der Wüste als Gebirgsjäger gekämpft.

Ihre erste Reise nach Afrika war die Reise als Vikar nach Äthiopien. Was wussten Sie von Äthiopien?
Wenig bis nichts. Es gab nicht einen einzigen Reiseführer, es gab auch noch kein Internet. Wir wussten nichts über das Klima: Heiß soll es sein, nicht weit entfernt vom Äquator; aber dass es nachts kalt werden kann, sehr kalt, das erfuhren wir erst, als wir da waren. Eigentlich wussten wir also gar nichts. Mein Zugang war über die Religionswissenschaft und die Beschäftigung mit der Orthodoxen Kirche und Theologie erfolgt.

Was erwartete Sie in Äthiopien?
In der deutschen Auslandsgemeinde von Addis Abeba arbeitete ein amerikanischer Pfarrer, der eine deutsche Frau geheiratet hatte und bei RVOG (Radio Voice of the Gospel), einem großen Radiosender, arbeitete. Er wurde der erste Pfarrer der neu gegründeten deutschsprachigen Gemeinde in Addis. Aber er wollte keinen Vikar haben, er hatte keine Erfahrung damit. Er wusste gar nicht, was er mit mir anfangen sollte. Als Mentor meine Ausbildung zu begleiten – das war ihm zu kompliziert. Das war der Ausgangspunkt.

Da wäre doch fast jeder weggelaufen: Was soll ich an einem fernen Ort in Afrika, wo ich nur bedingt willkommen bin?
Hinterher hat es doch funktioniert, das hatte ich auch nicht anders erwartet. Wir haben schnell ein gutes Arbeitsverhältnis entwickelt und mein Mentor freute sich über die engagierte Entlastung und Hilfe. Wir haben uns gegenseitig bestärkt und angeregt. Die aktuellen Entwicklungen in Äthiopien, vor allem die Hungersnot, machten es bald notwendig, dass wir zu zweit waren.

Sie sind also nach Addis geflogen – mit Ihrer Frau?
Ja, meine Frau kam mit. Dafür bin ich bis zu diesem Tag dankbar; sie hat dafür ihren Schuldienst unterbrochen. Es wurde unser gemeinsames Abenteuer.

Das mit dem Flug nach Addis, also die Hinreise, war schon schwierig: Am 1. September 1973 saßen meine Frau und ich auf gepackten Koffern und warteten auf ein Einreisevisum der Kaiserlich-Äthiopischen Botschaft in Bonn. Das kam und kam nicht.

Der Kaiser Haile Selassie I. besuchte gerade Deutschland, um in Stuttgart eine Ausstellung über religiöse Kunst in Äthiopien zu eröffnen; er brauchte das Flugzeug von Ethiopian-Airlines, das normalerweise die Strecke Addis Abeba – Frankfurt fliegt. Deswegen konnten wir von Deutschland nicht nach Addis fliegen, wir mussten den Umweg über London nehmen. Also gingen Telegramme hin und her: Wir brauchten ja kein Touristenvisum, sondern ein Einreisevisum für ein Jahr.

Im letzten, allerletzten Augenblick klappte es, und wir beide kamen mit völlig überpackten Koffern zum Flughafen in Hannover: Übergewicht! Unser ganzes Bargeld ging drauf, ein paar hundert D-Mark. Kreditkarten gab es noch nicht.

Wie beginnt man in einem weit entfernten afrikanischen Land sein neues Leben?
Es war erstaunlich unkompliziert: Wir hatten ein kleines Haus, hatten einen Boy, der für uns kochte, hatten einen liebenswerten pensionierten Soldaten, der mit den UN-Truppen in Korea gewesen war: Der passte aufs Tor auf und kümmerte sich um Schildkröte, Hund und Katze und den kleinen Garten, sorgte für Kaminholz, das von Eseln vor's Haus gebracht wurde. Denn wir mussten beide arbeiten, das Vikarsgehalt reichte nur knapp und der Ethiopian-Dollar war vier D-Mark wert.

Auto? Meine Frau hatte einen schönen Käfer, ihr erstes Auto. Den konnten wir nicht mitnehmen, das war zu teuer für ein Jahr. Also mussten wir in Addis ein Auto kaufen. Einen Käfer? Die waren rar. Einen Sportwagen, einen Triumph Spitfire haben wir gekauft, der so schön niedrig lag. Bei den afrikanischen Straßenverhältnissen hatten wir ständig Pannen am Auspuff und bei den Reifen. Ich habe in diesem einen Jahr bestimmt vierzig Reifen gewechselt. Aber der Wagen war flott, und er fiel auf. Jeder wusste: Aha, da kommt der Vikar aus der deutschen Gemeinde!

Wie haben Sie sich verständigt? Sicher, die Deutschen verstanden die deutsche Sprache. Aber Amharisch war Ihnen doch fremd.
Ich konnte kein Amharisch, auch nur wenig Englisch. In der Schule hatte ich zwar Englisch gelernt, aber ich hatte es nicht gesprochen, war mit Hebräisch, Griechisch und Lateinisch im Studium beschäftigt. Meine Frau hingegen war in Englisch sehr gut, hatte an der Pädagogischen Hochschule sogar Oscar Wilde in der englischen Drama-Group gespielt.

Aber es ging schon in London los: Wir saßen im Taxi, wollten eine Stadtrundfahrt machen – und keiner von uns beiden hat sich getraut, dem Fahrer zu sagen, wie die Fahrtroute sein sollte.

Hatten denn die Deutschen in Addis auf einen Achtundsechziger aus Braunschweig gewartet?
Nun ja, ich hatte ja nun das Studium mit dem Examen abgeschlossen, und es begann der Weg in den Beruf – also eher die übliche Entwicklung. Aber was für eine andere Welt für den gerade examinierten Theologiestudenten: Da stand ich vor Botschaftern und offiziellen Repräsentanten deutscher Institutionen, vor gestandenen Missionaren der Hermannsburger Mission, Studienräten der Deutschen Schule und anderen – mit Cordhose, Bart und kariertem Hemd.

Die Zuhörer meiner Predigten waren klassisch akademisch gebildete Leute: Die Lehrer der deutschen Schule, Botschaftsangehörige, Mitarbeiter von UNICEF, und sie alle »stürzten« sich auf diesen jungen deutschen Vikar. Ich fühlte mich noch als Student – und war von heute auf morgen in eine völlig andere Gesellschaft katapultiert worden. Das machte schon Atemnot, wahrscheinlich auf beiden Seiten.

Ich hatte auch keine liturgische Kleidung, nur ein äthiopisches Kreuz, das ich vom Dekan der Trinity-Cathedral geschenkt bekam, und meinen schwarzen Talar. Meine Frau Gisela bekam eine Arbeit in einem internationalen Kindergarten. So bekamen wir über die Deutsche Gemeinschaft hinaus auch internationale Kontakte. Das war gut.

Was mussten Sie tun? Nur predigen und über das äthiopische Hochland fahren und Reifen wechseln?
Ich bin von heute auf morgen Lehrer an der Deutschen Schule geworden, 7. bis 9. Klasse und Abiturklasse. Ich habe Religionsunterricht in der 13. Klasse gegeben und Abiturprüfungen abgenommen. Gestern war ich noch Student, plötzlich war ich Lehrer. Die Schule war heilfroh, dass sie einen hatten, der Religionsunterricht geben konnte. Der Schuldirektor sagte: »So eine richtige Lehrbefugnis haben Sie eigentlich noch nicht. Ich komm dann mal in den Unterricht und gucke, wie Sie das so machen.« Der war nach seinem Besuch ganz begeistert von mir.

Und dann? Kindergottesdienst, Konfirmandenunterricht, das ganze Programm eben. Das einzige, was es nicht gab, waren Trauungen und Beerdigungen, die sogenannten Amtshandlungen. Die habe ich in Afrika nicht so richtig gelernt, die musste ich nachher in Braunschweig nachtrainieren. Mein Ausbildungsreferent nannte das: Braunschweiger Colorit üben.

Ich hatte auch die Deutschen zu betreuen, die im Land unterwegs waren: Hermannsburger Missionsstationen, Christoffel-Blindenmission – auch das Bau-Camp eines deutschen Straßenbauunternehmens, das eine neue Verbindungsstraße zur Hafenstadt Assab am Roten Meer baute. Da waren wir eingeladen, am Heiligabend zu predigen. Also fuhren wir – fünfhundert Kilometer von Addis entfernt; eine Asphaltstraße dorthin gab es nur teilweise. Auch musste ein Mietwagen her, denn mit meinem Triumph wäre der Triumph auf der Straße ausgeblieben. Es waren unsere ersten Erfahrungen mit unterschiedlichen Klimazonen zwischen Bergland, Addis Abeba liegt 2.400 m hoch, und Wüste mit Staub und eigener Fahrweisen-Dynamik! Der schwarze Talar sah später gräulich aus.

Das Baulager war eine richtige kleine Stadt mit Bungalows, in der die Familien wohnten, und einer Schule. Heiligabend war tolles Wetter, die Sonne schien, 25 Grad. Die Arbeiter hatten am Swimmingpool einen Gottesdienstplatz hergerichtet, die Kanzel bestand aus drei aufeinandergestapelten Apfelsinenkisten, ein schönes Tuch drum herum, ein paar Blumen drauf – und vor mir saß die Gemeinde, die guckten zu mir und auf das Wasser im Pool. Wir haben »O du fröhliche« gesungen und »Stille Nacht, heilige Nacht« – auf »Leises Schneerieseln« haben wir aber verzichtet.

Ich hatte den schwarzen tropentauglichen Talar angezogen, darunter war es eher luftig; den Talar habe ich immer noch – er hat wahrlich gute Dienste geleistet. Nach dem Gottesdienst sind alle in den Swimmingpool gesprungen, denn das Klima war feucht-warm. Abends saßen wir mit Freunden und Gastgebern in einem Wohncontainer, der uns als Gästehaus angeboten war; eine Freundin von uns, die in der Hermannsburger Mission im Kindergarten arbeitete, hatte eine Flasche Martini mitgebracht – und den haben wir aus Kaffeetassen getrunken. Es war ein schöner Heiligabend.

Was haben Sie den Bauarbeitern gepredigt, an einem heißen Weihnachtstag in der äthiopischen Savanne, fernab von der Heimat? Kamen Schnee und Tannenbaum vor?

»Weihnachten ist nicht wetterabhängig«, so fing ich an. Natürlich waren alle mit ihren Gedanken im Harz oder im Schwarzwald, eben in ihrer Heimat. Kein »Kling Glöckchen kling«, predigte ich, »aber wir wissen es besser: Weihnachten findet auch statt, wenn das übliche Ambiente nicht da ist.« Ich habe die Leute daran erinnert, dass Weihnachten eigentlich aus solchen Verhältnissen wie in Äthiopien kommt. In Bethlehem ist es bergig, das haben wir in Äthiopien auch; ich habe einmal sogar Schnee gehabt in Addis.

Wie bekommst du geografisch existentielle Situationen zusammen mit biblischen Texten? Diese Frage hat mich lange beschäftigt. Viele der orientalischen Bilder, die es in der Bibel gibt, sind in Äthiopien oder Arabien leichter verstehbar als bei uns in Deutschland. Dort muss ich nicht erklären, was eine Oase ist. Dort muss ich nicht erklären: Der Herr ist mein Hirte. Wo Hirten und Herden zum täglichen Straßenbild gehören, da sind biblische Bilder unmittelbar vor Augen. Du brauchst nur einen, der darauf hinweist, zeigt, dolmetscht, Zusammenhänge herstellt. Daran hatte ich immer Freude!

Für uns in Deutschland ist diese orientalische Bilderwelt eine fremde. Für uns ist sie kompliziert; deswegen haben sich auch Generationen von Predigern geflüchtet in philosophische und pseudo-philosophische Gedankenwelten. Zu meiner Studienzeit jedenfalls stand das Johannes-Evangelium ganz hoch im Kurs wegen seiner wunderschönen philosophischen Sätze wie »Im Anfang war das Wort, und das Wort war bei Gott und Gott war das Wort.« Die Zuhörer in den Kirchen staunten, weil sie nicht verstanden haben, was der Pastor ihnen sagen wollte, es war zu abstrakt.

Da ist wieder die hermeneutische Frage: Luther schaute dem Volk auf's Maul, aber er redete ihnen nicht nach dem Mund. Diese Einsicht ist ein wichtiger Teil meines beruflichen Weges geworden; dabei kann ich auch theologisch abstrahierend sprechen, das habe ich nachgewiesen mit zwei Staatsexamina.

In Äthiopien kamen Sie nicht gerade in ein Musterland: Ein Kaiserreich seit Jahrhunderten, eines der ärmsten Länder der Welt. Sind Sie ein Bewunderer der Monarchie geworden?

Ich bin Kaiser Haile Selassie auf jeden Fall sehr nahe gekommen, wörtlich verstanden. Schon recht früh bin ich dem Dekan der Dreifaltigkeits-Kathedrale in Addis begegnet, die der Kaiser erst 1941 nach der Rückkehr aus dem Exil eingeweiht hatte. Der Dekan war auch der Beichtvater des Kaisers. Ich bin nun wirklich kein Bewunderer von Monarchen, mir fallen irdische Bewunderungen überhaupt schwer: Mich interessieren Menschen, die etwas zum Guten verändern wollen. Dieser Dekan, noch nicht einmal 50 Jahre alt, kam aus Äthiopien und engagierte sich in Genf im »Ökumenischen Rat der Kirchen« und war an Reformen in seiner orthodoxen Kirche interessiert.

Der sah nun diesen jungen Vikar, der frisch von der Uni kam. Er mochte meine Frau und mich, nahm uns wie zwei Kinder links und rechts an seine Hand und zeigte uns ein Kloster, für das er zuständig war und in dem er gemäß dem alten Wort »Ora et labora – bete und arbeite« die Nonnen mit Gartenbau und Handwerk zu neuem Engagement angeregt hatte. Der Dekan wollte neben Wort und Lobgesang auch praktische Arbeit, er wollte Reformen umsetzen, um seine Kirche aus liturgischer Stagnation zu befreien. Er diskutierte mit mir über Martin Luther und den Zusammenhang von theologischer Erkenntnis und praktischem Kirchesein.

Sind Sie auch dem Kaiser begegnet?
Ja, nahe bin ich ihm gekommen. Mein Freund, der Dekan, nahm mich bei verschiedenen Ereignissen einfach wieder an die Hand, schleppte mich am ganzen diplomatischen Korps vorbei bis nach vorne zum Kaiser und sagte: »Jetzt Foto.« Da habe ich mein Foto gemacht ohne Teleobjektiv. Die Botschafter wunderten sich, was für ein junger Bengel sich vordrängelte – aber der deutsche Botschafter, der grinste, der kannte mich schon.

Addis Abeba 1973: Der junge Vikar Joachim Hempel geht an allen Würdenträgern vorbei, geführt von des Kaisers Beichtvater, und fotografiert den äthiopischen Kaiser Haile Selassie I. – ganz aus der Nähe.

Der Achtundsechziger, der Sie ein Leben lang geblieben sind, beugt seine Knie vor keinem irdischen Thron – aber es macht Sie stolz, einen Kaiser fotografieren zu können?
Naja, so sind wir Menschen. Bei allem Zweifel faszinieren uns »die Großen« schon, da nehme ich mich nicht aus. Das Foto vom Kaiser zeige ich immer noch mit Stolz, das ist so. Aber mich interessierte nicht nur der Kaiser, sondern zu allererst seine Funktion in der äthiopisch-orthodoxen Kirche. Ich entwickelte einen stärkeren Kontakt zur orthodoxen Kirche als zur lutherischen im Land. Denn die Tradition dieser Kirche reicht ins 4. Jahrhundert, als König Ezana das Christentum zur Staatsreligion erklärte; ich war einer der wenigen, die sich in den 1968er Jahren im Theologiestudium für die orthodoxe Kirche interessierten.

Nun gab es in den siebziger Jahren schon genug Probleme in Ihrer Landeskirche: Skepsis bis Ablehnung gegenüber Reformen, Pastoren-Mangel usw. Warum halsten Sie sich noch die Geschichte einer fremden Kirche auf, acht Flugstunden von Braunschweig entfernt? Welchen Nährwert hatte diese intensive Beschäftigung mit der orientalischen Kirche, die einen sehr eigenen Weg ging?
Vergessen Sie nicht: In Äthiopien entdecken wir eine der ältesten christlichen Kirchen überhaupt – entstanden zu einer Zeit, als unsere Vorfahren im Braunschweiger Land vielleicht am »Harzhorn« den Römern auflauerten und ihren germanischen Gottheiten anhingen.

Dann fasziniert mich diese dreitausend Jahre alte Geschichte der äthiopischen Königin von Saba mit ihrem Besuch bei Salomo in Jerusalem. Das ist auch die Verbindung zum Kaiser Haile: Da stand mir einer gegenüber, der sagt: »Ich stamme von König David ab.« Und es stimmt: Menelik, der erste äthiopische König, ist das Ergebnis einer Affäre des Königs Salomo mit der Königin von Saba. Und die Äthiopier erzählen seine Geschichte mit Inbrunst, das habe ich von ihnen sehr gerne übernommen! Ein Kaiser im 20. Jahrhundert beruft sich auf Vorfahren, die vor drei Jahrtausenden im biblischen Jerusalem eine lustvolle Nacht verbracht haben. Das hat mich so beschäftigt, weil in Äthiopiens Verfassung von 1955 stand: Haile Selassie I. – der 225. Nachfahre des Sohns der Königin von Saba und König Salomos. Die äthiopische Dynastie nannte sich die salomonische Dynastie. Daraus ist das Thema meiner Examensarbeit zum zweiten theologischen Examen entwickelt: » Sakrales Königtum – Ein Beitrag zum Verhältnis von Staat und Kirche in Äthiopien«. Da gab es in Wolfenbüttel keinen, der das erste Gutachten übernehmen konnte in der Prüfungskommission. Aber eine fachkundige Expertise von außen wurde eingeholt.

Wie ist Ihre Arbeit bewertet worden?
Mit Auszeichnung, ich kannte mich nach einem Jahr Äthiopien halt gut in dem Thema aus.

Was hat der äthiopische Kaiser mit uns zu tun?
Im Keller des Braunschweiger Doms liegt Heinrich der Löwe in seinem Grab. Der interessiert die Menschen noch immer, selbst die Fußballer von Eintracht Braunschweig zeigen den Löwen auf ihrer Brust. Wie war das also mit unseren Kaisern und Königen? In Äthiopien habe ich verstanden, dass das Entscheidende nicht die Krönung ist, sondern die Salbung. Die Salbung ist eigentlich die göttliche Adaption: »Dies ist mein geliebter Sohn, an dem ich mein Wohlgefallen habe.« So war es alttestamentlich überliefert.

Die Äthiopier haben für die Krönung Haile Selassies 1930 die kompletten alten Davids- und Salomo-Texte eins zu eins übernommen: »Töchter Zion, freuet euch«, Psalm 24: »Macht hoch die Tür«. Der Kaiser musste sagen: Ich bin Haile Selassie, der Sohn der Königin von Saba – und dann gingen die Türen auf. Diese Salbung, dieses Salböl, das ist entscheidend. Hierin liegt die Bestimmung und Verpflichtung des Gesalbten Gott gegenüber.

Eine Monarchie ist kein Familienbetrieb, ein König ist nicht ausgeguckt, er ist gesetzt oder gewählt und dann eben erwählt und deshalb gibt es dieses Ritual, es ist sozusagen die Optimierung des Segens Abrahams: Ich hebe dich im Auftrag Gottes heraus, salbe dich, damit du nicht bist wie die anderen, du bist herausgehoben und stehst in besonderer Verantwortung vor Gott und den Menschen.

Sie haben nicht nur eine Monarchie mit biblischem Alter erlebt, sondern auch ihr Ende – und den Anfang eines militanten Sozialismus, in dem es den Äthiopiern auch nicht besser ging.
Es fing an mit der Hungerkatastrophe 1974 in Wollo, im Nordosten Äthiopiens: Die *BBC* und der *Stern* in Deutschland machten die Not öffentlich. Wie immer, wenn eine Katastrophe Bilder bekommt, wollen viele helfen. So bildete sich in Addis Abeba ein Komitee der unterschiedlichen Kirchen, um zu sehen, wie es helfen könne. Mein Mentor hat mich geschickt als Vertreter der deutschen Kirche.

Ich hatte keine Ahnung, kannte mich im Land noch nicht aus, während die anderen erzählten, wo sie überall schon geholfen hatten. Ich habe da wirklich gesessen wie ein Lehrling, aber ich war der Vertreter der deutschen Kirche im Komitee. Nach drei Monaten habe ich mich das erste Mal getraut, auf Englisch eine Frage zu stellen; parallel überlegten wir im Kirchenvorstand, wie wir und womit wir uns engagieren konnten. Es ging weit übers Spendensammeln hinaus.

Haben Sie nur geredet und debattiert und Konzepte entwickelt?
Nein, nein, wir haben Hilfen organisiert: Unsere Bundeswehr flog Nahrung und Wasser in die Hungergebiete; wir haben uns um die Hubschrauber-Besatzungen gekümmert; haben auch Infoabende veranstaltet, damit sie das Land besser verstanden. Wir haben uns um Waisenkinder gekümmert, um ausgehungerte Kinder und ihre Mütter; wir haben dafür gesorgt, dass Brunnen gebohrt wurden, haben Lkw organisiert für Nahrungsmitteltransporte. Aber es war schrecklich: Mütter haben ihre Kinder überlebt – und was ich nicht mehr aus meinem Kopf herausbekomme: Ich hielt ein sterbendes Kind in meinen Armen.

Solch eine Hungersnot fällt nicht vom Himmel; sie hat Ursachen, und das sind meist politische.
Sicher, es gibt eine rationale Seite: Warum ist die Infrastruktur so schlecht in einer zerklüfteten Landschaft, wo man nicht so einfach mit dem Auto hin- und herfahren kann? Ist das wirklich so schwer, gute Straßen zu bauen – um Nahrung von den fruchtbaren Teilen des Landes in die armen zu transportieren? Warum ist das so kompliziert?

Wir haben uns schon gefragt: Wieso ist keiner vorher darauf aufmerksam geworden? Oder du liest, jemand hat wieder 20.000 Dollar gestiftet – und du fragst: Wo bleibt dieses ganze Geld eigentlich?

Wir hatten damals das Gefühl: Es tut sich mehr, als sich im Endeffekt wirklich getan hat. Das wussten wir aber nicht, wir konnten es nicht wissen. Wir haben getan, was wir konnten, und manchmal noch mehr.

Der Kaiser hat sich am Anfang sehr zögerlich verhalten. Erst spät, vielleicht zu spät fuhr der Kaiser selber in die Regionen des Hungers und schaute sich um und half. Gleichwohl beförderte das Zögern die Diskussion: Warum ist die Hilfe so schwerfällig angelaufen? Warum passiert eigentlich in unserem Land so wenig an erkennbarem Fortschritt für die Menschen?

Plötzlich streikten alle möglichen Leute für mehr Geld: die Busfahrer, die Taxifahrer; Studenten fingen an auf die Straße zu gehen für Presse- und Informationsfreiheit, gegen Korruption und eine entscheidungsschwache Regierung; dann demonstrierten plötzlich die Muslims für Religionsfreiheit, dann rief der Patriarch zu einer Gegendemonstration auf. Es war, als breche ein Deich.

Das hat sich der Achtundsechziger in Göttingen nicht träumen lassen: Er kommt einmal in eine richtige Revolution!
Das war für mich eine spannende Phase. Auf der einen Seite die Herausforderung: Du musst für das tägliche Brot der Menschen sorgen; auf der anderen Seite musste ich meine eigene Arbeit, also in der deutschen Kirche in Addis, aufrechterhalten. Zudem kamen ständig Leute ins Land, weil sie jetzt helfen wollten. Um all die Besucher aus Deutschland mussten wir uns kümmern, die hatten ja keine Kontakte. Dauernd mussten Berichte gegeben werden – und dann gleichzeitig dieses politische Gebrodel, von dem man gar nicht wusste, in welche Richtung es laufen würde.

Wie läuft in einem Land wie Äthiopien die Kommunikation? Wie informierten sich die Bürger? Wie verändern sich Zeitungen in einer Revolution?
Als ich angefangen habe, mein Büro am Dom auszuräumen, fielen mir einige äthiopische Zeitungen, allesamt Regierungspresse, noch einmal in die Hände: Von einem Tag auf den anderen war der Kaiser fast komplett aus der Zeitung verschwunden. Zuvor stand in der Zeitung: »Der Kaiser hat empfangen, der Kaiser hat einen Besuch gemacht, der Kaiser hat ernannt« und so weiter, eben im Stil wie »Der Kaiser hat noch alles in der Hand, er steuert.« Wir kennen solche Zeitungen auch aus der DDR.

Plötzlich waren die Meldungen noch da, aber die Bilder waren weg. Es gab keine Bilder mehr vom Kaiser. Dann wurde die Regierung entlassen, dann gab es eine Übergangsregierung, dann hat der Kaiser einen Thronfolger ernannt. Der Kaiser kam noch vor, aber nur noch am Rande; auch an dem Tag, als wir im September ausreisten – das war eine Woche, bevor man ihn verhaftete. Es war ein schleichender Prozess der Entmachtung, ein schleichendes Ende der Monarchie in Äthiopien. Eines Tages sagte das Militär: Den Kaiser, diese Figur, die brauchen wir nicht mehr. Wir nehmen das jetzt in eigene Hände.

Dauernd waren in dieser Zeit Leute auf der Straße, aber in Afrika sind sowieso dauernd Leute auf der Straße. Aber du wusstest nicht: Was wollen die jetzt eigentlich? Geht es um Geld oder niedrigere Preise – oder steckt mehr dahinter?

Die Revolution war weder befohlen noch eine Antwort auf eine Rede vom Schlossbalkon wie 1918 in Berlin. Sie war zunächst auch nur eine Hauptstadt-Angelegenheit und Sache von Polizei und Militär. Aber dass in Äthiopien hunderttausend Menschen für die Religionsfreiheit demonstrieren, das hatte Äthiopien in dreitausend Jahren noch nicht gesehen.

Wie erfuhren Sie, was sich in der Stadt tat, im Land? Es gab kaum Straßen, kein Telefon, das Handy war noch nicht erfunden.
Alles bekam man erzählt. Hörensagen war die eigentliche Kommunikation. Fernsehen hatten wir nicht, es gab auch nur ein Programm, das Regierungsprogramm. Im Radio hörten wir die Deutsche Welle, aber da gab es manchmal Nachrichten, die komisch waren. Danach bekamen wir aus Deutschland Briefe: »Wir haben gehört, bei euch sind Bomben geworfen worden.« Es gab aber weit und breit keine Bombe.

Wir waren mittendrin und wussten doch nur wenig. Das offizielle Leben ging auch weiter. Wir haben noch im März vor des Kaisers altem Palast zu seinem Geburtstag gestanden. Aber dass der Kaiser schon keine Rolle mehr spielte, das hätte uns keiner erzählen können.

Als ich wieder in Wolfenbüttel war, sagte mir der Oberlandeskirchenrat, der mich nach Äthiopien geschickt hatte: »Wir können Sie eigentlich nicht mehr in die Welt schicken. Wenn wir Sie hinschicken, gibt es einen Kaiser; und wenn Sie wiederkommen, ist der Kaiser weg.«

War die Rückkehr nach Deutschland nicht ein Schock: Aus einer Revolution ins bedächtige Braunschweig, wo sich die Welt in einem Jahr nur ganz langsam gedreht hat, abgesehen von der ersten Ölkrise und dem autofreien Sonntag? Die deutsche Revolution stand uns ja noch bevor.
Wir sind nur ganz langsam nach Deutschland zurückgereist. Wir haben unseren Jahresurlaub genutzt, um noch vier Wochen in Kairo, Amman, Beirut und Rom zu verbringen. Eigentlich wollten wir auch nach Israel, doch nach dem Sechstagekrieg war das von Afrika aus sehr schwierig. So ist das eben in diesem Teil der Welt: Revolutionen und Kriege und nichts Sicheres, wohin man schaut.

Der Abflug von Addis war wesentlich einfacher als die Rückkehr nach Braunschweig, obwohl wir nur ein gutes Jahr außer Landes waren. Alles war so weit weg. Bei »Karstadt« stand ich vor einer Rolltreppe und wusste nicht weiter. Ich wusste nicht mehr, wie es ging. Der Verkehrslärm machte uns zu schaffen: Wir hatten nun eine Wohnung in der Sonnenstraße, nicht weit von Martini entfernt, meiner neuen Stelle; meine Frau bekam eine Stelle an der Nibelungenschule. Den Verkehrslärm konnten wir überhaupt nicht mehr ertragen: Vorher hatten wir noch in Kreiensen direkt am Bahnhof gewohnt, aber in Äthiopien war ein halbes Jahr lang Ausgangssperre, da hörte man abends nach acht nur noch Frösche und Hunde.

Was haben Sie aus Äthiopien mitgebracht? Wahrscheinlich waren die Koffer nicht mehr so voll wie bei Ihrer Abreise aus Deutschland.
Da passierte eine merkwürdige Geschichte in Braunschweig: Wir hatten aus Äthiopien diese landestypischen weißen Gewänder (»shamma«) mitgebracht. Weil wir noch keine Wintersachen hatten, zog ich die Gewänder auch auf der Straße an; da wurde meine Frau angepöbelt vor der Landesbank: »Schon wieder so eine, die mit einem Ausländer rumläuft.«

Es hat eine Weile gedauert, bis wir uns hier wieder eingelebt hatten. Dabei hörten wir mit einem Ohr immer noch hin, was sich in Äthiopien tat; zum anderen mussten wir unentwegt Dia-Vorträge halten: »Jetzt ist doch der Kaiser gestürzt: Können Sie nicht mal einen Vortrag halten; Sie waren doch in Äthiopien.«

Wir sind auf »Tournee« gegangen mit Diavorträgen ohne Ende. Aber immerhin kamen jedes Mal 50 oder 150 D-Mark für Brunnen in Äthiopien zusammen. Das ging so lange gut, bis die sozialistische Militärdiktatur alle Möglichkeiten für Westdeutsche unterband, den Menschen in Äthiopien zu helfen. Die DDR wurde Brudervolk, übernahm auch den Aufbau des Geheimdienstes neu, lieferte Militärfahrzeuge und Zementfabriken.

Besuchten Sie Äthiopien während der sozialistischen Diktatur?
Nein, da gab es keine individuellen Möglichkeiten. Wer aus Deutschland nach Äthiopien flog, kam aus der DDR. Im Sommer 1974 reiste der erste DDR-Botschafter in Äthiopien an. Der brachte immerhin als zweiten Botschafts-Attaché jemand mit, der Amharisch sprechen und lesen konnte; das hatte in unserer Botschaft in hundert Jahren keiner zustande gebracht. Da hat die DDR erst mal gepunktet.

Sonst gab es viele Probleme: Die Deutschen, die noch da waren, kamen von der falschen West-Seite; sie sprachen wohl dieselbe Sprache, aber mehr war nicht. Und die neuen DDR-Deutschen wollten mit Kirche nichts zu tun haben.

Was ist für Sie geblieben in Äthiopien?
Vor allem die Deutsche-Kirchen-Schule in Addis Abeba, die wir aus Braunschweig stark unterstützen. Deren Anfänge kenne ich noch zu gut: Meine Frau hatte in einer offenen Hütte (»tukull«) 25 Kinder aus den umliegenden Slums in Grundbegriffen des Englischen unterrichtet; ich hatte die Finanz- und Spendenverwaltung und die Auszahlung der Gehälter an äthiopische Mitarbeiter zu regeln.

Heute kommen 1.200 der Ärmsten jeden Morgen in ihrer Schulkleidung. Als ich im Februar 2014 die Schule besucht habe, waren beispielsweise auch

3.000 Euro Spendengelder dabei, die mir die Schausteller des Weihnachtsmarkts am Dom zum Abschied für das Schulprojekt mitgegeben hatten.

Ich habe noch einige Kontakte und organisiere Studienfahrten in das Land. Auch bin ich bei Stiftung »Pactum Africanum« im Beirat, die Prinz Asfa-Wossen Asserate von Äthiopien ins Leben gerufen hat, mit dem ich seit Jahren befreundet sein darf, was mich wirklich ehrt. Sie dient dem Zusammenleben von Christen, Juden und Muslimen und will das Verstehen unter den jungen Menschen fördern.

Alles in allem: Äthiopien hat meinem Leben eine Richtung gegeben, die ich mir früher nie hätte denken können. Es ist ein sehr besonderer Weg geworden.

Dokumentation
Ein »Wort zum Alltag« (von Joachim Hempel)

Schlechte Straßen – fröhliche Menschen – gute Straßen

Der Apostel Philippus geht von Jerusalem nach Gaza und trifft den äthiopischen Finanzminister. Der Minister liest in den Heiligen Schriften Israels, im Buch des Propheten Jesaja, und Philippus fragt ihn: »Verstehst du, was du liest?«; der Minister antwortet: »Wie sollte ich das verstehen, wenn es mir keiner erklärt?«

Philippus erklärt ihm die Texte, erzählt ihm von Jesus, von Karfreitag und Ostern in Jerusalem; daraufhin verspürt der Minister den dringenden Wunsch, sich taufen zu lassen. Er wird getauft, und die Begegnung der beiden ist beendet. Die Geschichte endet mit dem Satz: »Er aber, nämlich der Minister, zog seine Straße fröhlich.«

Die Straße zwischen Jerusalem und Gaza war schlecht damals, das steht sogar in der Bibel. Öde war sie und leer. Ich habe in Afrika viele solcher Straßen kennen gelernt, staubig, öd, kein Baum, kein Strauch, keine Raststätte, kein Nichts, kein Gar nichts.

Wenn man mit dem Auto fährt, zieht einem eine dicke Staubwolke hinterher – und wenn ein Auto entgegenkommt, dann kriegt man den ganzen Staub ab. Manchmal sieht man hinterher aus, als ob man in einer Mühle gearbeitet hätte.

Und trotzdem sind auf diesen Straßen unendlich viele Menschen unterwegs, meistens zu Fuß übrigens. Unter ihnen sind viele, die ihren Weg fröhlich ziehen, gerade auch in Äthiopien.

Christen, die ihren Weg fröhlich ziehen, obwohl es ihnen nach unseren Vorstellungen nicht besonders gut geht: Es sind arme Leute, wie wir sagen.

Und ich sehe unser Bild: Tolle Straßen, Autobahnen, alles rennt, rast und jagt. Aber sind wir deswegen fröhlicher, weil wir bessere Straßen haben?

Der Mensch sieht nicht nur mit dem, was die Augen sehen, sondern er sieht auch mit dem Herzen und der Seele. Und ich sehe in vielen Gesichtern anderer Menschen viel Traurigkeit. Viele sind verhärmt, enttäuscht.

Also – die guten Straßen alleine können es nicht sein. Ob es vielleicht doch an der Botschaft liegt, an der guten Botschaft, dem Evangelium, das uns in Herz und Verstand, mit Hand und Tat erreichen will?

8. Vikar in Martini und Pastor in Riddagshausen: Kirchenschlaf und Schweineschmaus

Den ersten Konflikt mit dem Kirchenvorstand bekommt Vikar Hempel, als er im roten Rollkragenpullover den Reformations-Gottesdienst leitet. Für genügend Aufregung sorgt Pfarrer Hempel auch in seiner ersten Stelle, auf dem Dorf in Riddagshausen. Mit dem Riddagshäuser Kirchenschlaf schafft er es bis in die Hauptsendezeit im Fernsehen, zu Bioleks »Mensch Meier«. Der Riddagshäuser Pfarrer kann Anekdoten über Anekdoten erzählen bis hin zum Riddagshäuser Schweineschmaus. Nach äthiopischem Vorbild führt er das Osterfrühstück ein, um gegen den Trend zu wirken: Denn die kirchlichen Feste sind dabei zu verdunsten.

Waren Sie nach Ihrer Rückkehr aus Äthiopien ein wenig milder gesonnen? Oder brachen die alten Kämpfe wieder los mit den Konservativen und Bewahrern in der Kirche?

Nun, Kämpfe waren ja eher Auseinandersetzungen. Ich habe in Äthiopien viel gelernt und viel erfahren, aber ich musste doch meine Grundüberzeugungen nicht verändern – im Gegenteil: Ich habe sie geschärft. Für das Bessere muss man sich einsetzen, weil alles Menschliche immer besserbar ist, noch besser: man muss überzeugen, wenn es möglich ist.

In Martini trat ich meine Vikarsstelle in der Landeskirche an. In Martini gab es zwei Pastoren: Der eine war konservativ, der andere liberal – und der Kirchenvorstand war gespalten. Mein Mentor war der Liberale. Der Konservative war ein Patriarch, der mit den Konservativen im Kirchenvorstand gern die anderen etwas niedrig hielt.

Jugendgottesdienst am Reformationstag hielt ich im Anzug mit rotem Rollkragenpullover. Danach gab es eine riesige Auseinandersetzung im Kirchenvorstand: Roter Rollkragen, das geht überhaupt nicht! Mein Mentor verteidigte mich: »Ich weiß gar nicht, was Sie wollen: Rot ist doch eine liturgische Farbe, und Vikar Hempel hat das zum Reformationstag genau richtig entschieden.«

Ansonsten habe ich meine Stimme trainiert. In Äthiopien predigte ich in einer räumlich kleinen Kirche und vor einer Zuhörerschaft ohne Mikrophon. In einer großen Hallenkirche wie St. Martini muss man mit seiner Stimme so arbeiten, dass die Gemeinde den Prediger auch noch in der zehnten Reihe gut versteht; auch hier gab es noch keine technische Anlage mit Lautsprechern.

Martini war zu meiner Zeit, zumindest wenn mein Mentor Peter Gennrich predigte, gut besucht – was auch für den Dom zutraf, wo Armin Kraft predigte, und St. Katharinen am Hagenmarkt mit Propst Siegfried Stange oder Ernst-Burkhard Müller. Da gingen die Braunschweiger hin, um die Predigt zu hören. Martini ist für mich eine gute Schule gewesen – weil ich auch noch mal braunschweigisch verortet worden bin, denn das westliche Ringgebiet gehörte mit seiner Arbeiterschaft dazu.

Parallel lernten alle Vikare gemeinsam im Predigerseminar. In den siebziger Jahren studierten nur wenige Theologie, manchmal nur ein oder zwei in einem Jahrgang. Fühlte man sich als angehender Pfarrer nicht einsam?
Wir waren schon wenige, das stimmt. Aber einsam fühlte sich keiner. Unsere Seminargruppe war bunt zusammengewürfelt, vom Alter wie von der Berufung her: Wissenschaftliche Mitarbeiter, die doch noch ins Pfarramt wollten, dann sehr fromme und klassisch-theologisch Arbeitende – das gab so handfeste und heftige Auseinandersetzungen, dass wir eine richtig verschworene Truppe wurden. Wir treffen uns heute noch regelmäßig und nennen uns immer noch »Jungpastorenrunde«.

Wie kamen Sie nach Riddagshausen, also aufs Dorf? Dabei sind Sie doch eher ein Typ für die Stadt, ein Städter, mit Okerwasser getauft.
Ich wollte unbedingt aufs Dorf, weil ich mir gesagt habe: Wenn du am Anfang als Städter nicht aufs Dorf gehst, gehst du im Leben nicht mehr aufs Dorf. Deshalb hatte uns der Personaldezernent, meine Frau und mich, immer wieder auf Dörfer geschickt, wo Pastoren saßen, die demnächst in Ruhestand gingen oder gehen sollten.

Meine Freunde aus der Pastorenrunde hatten zu der Zeit schon alle eine Stelle in Aussicht. Wir dagegen reisten immer noch über die Dörfer. Wir sind in Wendeburg gewesen und wo noch immer. Überall haben wir geklingelt: Da guckte der Kollege aus dem Fenster, wir sagten einen schönen Gruß und – »Wir sollen uns hier mal umgucken, der Personaldezernent hat uns geschickt.« Da fielen die aus allen Wolken. So klappte das also nicht.

Immer wieder habe ich im Landeskirchenamt angerufen, aber der Oberlandeskirchenrat sagte stets: »Ich habe noch nichts für Sie, ich habe keine Stelle.« Die einzige freie Stelle weit und breit war Riddagshausen. Dort war Armin Kraft gegangen, als die Kirche 1975 fertig renoviert war. Kraft hat die Kirche eingeweiht, und eine Woche später ist er als Domprediger an den Braunschweiger Dom gegangen.

Die herrliche Kirche in Riddagshausen stand leer herum und keiner kümmerte sich. »Ja«, sagte der Oberlandeskirchenrat, »aber da kann kein Anfänger hin, Nachfolger von Kraft – ein Anfänger? Nein, das geht nicht. Was soll der Borek nur sagen! Da muss ein gestandener Pastor hin!« Aber sie fanden keinen, der standhaft war und nach Riddagshausen wollte.

Ich musste mich auf mein Examen konzentrieren, hatte Riddagshausen und die Suche erst einmal vergessen – und bekam plötzlich einen Anruf aus dem Landeskirchenamt, am Telefon der Oberlandeskirchenrat: »Bruder Hempel, jetzt habe ich eine Stelle für Sie. Sie müssen nach Riddagshausen.« Ich war perplex: »Was? Sie haben mir noch vor ein paar Wochen anderes erzählt, das genaue Gegenteil.« Dabei spielte auch noch etwas mit, das sich mir erst später erschloss: Riddagshausen war als Gemeinde für einen Pastor zu klein, das benachbarte Gliesmarode für einen Pastor zu groß. Deshalb nutzte man die Gunst der Stunde, um die beiden Gemeinden zusammenzuschließen – am besten ohne groß Aufhebens zu machen.

Jedenfalls galt mit Amtsantritt eines Pfarrers in Riddagshausen: Riddagshausen und Gliesmarode sind eine Gemeinde mit zwei Pastoren, drei Kirchen und zwei Kirchenvorständen. Das trat in Kraft mit dem Tag meines Dienstantritts. Wunderbar, aber das hatten sie mir anfangs nicht erzählt.

Wohnen in Riddagshausen nicht viele der reichen Leute aus Braunschweig?
Das ist so ein Vorurteil. Nein, das stimmt nicht.

Was ist denn das Besondere an Riddagshausen?
Heinrich Meersmann, der frühere Feuilleton-Chef der *Braunschweiger Zeitung*, den ich später auch beerdigt habe, der hat mal einen Artikel »Kleine Liebe zu Riddagshausen« geschrieben. Darin schrieb Meersmann, der Berliner war: »Eine Stadt braucht Auslauf; Braunschweig hat Riddagshausen«. Riddagshausen hatte das Glück, dass Pläne der zwanziger Jahre immer noch im Rathaus liegen, unvollendet: Das Teichgebiet sollte eine »Gartenstadt« werden. Aber plötzlich wurde die herrliche Natur zum Naturschutzgebiet erklärt, einem der ersten im Deutschen Reich.

Mit dem Auto, selbst zu Fuß kommt man doch ruckzuck von Braunschweig nach Riddagshausen, das ist gleich nebenan wie ein Teil von Braunschweig.
Die Distanz ist kilometermäßig nicht groß, aber optisch kommen der Nußberg und der Prinzenpark dazwischen, so dass sich das Dorf erhalten hat mit seiner besonderen, gar nicht städtischen Prägung; natürlich gibt es inzwischen keinen Bauern mehr, aber damals waren die alten Dorf- und Klosterstrukturen noch erkenn- und erlebbar. Riddagshausen blieb klein, und es blieb eben der besondere Ortsteil der Stadt. Da gibt es gar kein Vertun.

Ich spüre: Ihre Liebe zu Riddagshausen ist ungebrochen.
Und meine Liebe zum alten Kloster mit seiner Dynamik, die immer noch zu spüren ist – obwohl seit über 500 Jahren keine Mönche mehr da sind. Das Kloster ist ein besonderer Ort, der eine Verbindung zwischen Natur und Mensch bietet wie selten.

Die Nähe zur Stadt ist die besondere Herausforderung für einen Pfarrer: Was machst du an einem solchen Ort, wo dir die Leute sozusagen jedes Wochenende vor die Füße laufen? Machst du die Tür zu? Und sagst: Die gehören nicht zur Gemeinde? Oder machst du die Tür auf? Und sagst: Je mehr drin sind in der Kirche, umso besser? Damit ist im Grunde genommen die Problematik beschrieben.

Und Sie haben aufgemacht?
Ja, das war vorher nicht möglich: Die Kirche war eine Baustelle, und Armin Kraft, mein Vorgänger, konnte nur ein paar Ruinengottesdienste halten – übrigens eine tolle Idee! –, um das Interesse wach zu halten. Er selber hat fast ausschließlich in der Frauenkapelle des Klosters gepredigt, er war aber einer, zu dem man damals ging, um ihn zu hören. Als wir jung waren, sind wir nach Riddagshausen getippelt, um die Predigt von Armin Kraft zu hören. Das war für Braunschweiger Pastoren-Verhältnisse eine neue Welt, die sich öffnete. Ich habe bei ihm auch ein Gemeindepraktikum gemacht als Student.

Seit Pfingsten 1976 war ich der Pfarrer in Riddagshausen, zusammen mit Dieter Hansmann in Gliesmarode: Mit ihm hatte ich sehr viel Glück, er war ein älterer Kollege, der einfach Lust hatte, mit einem Jüngeren etwas zusammen zu machen. Er hat manche meiner skurrilen Ideen sehr weise und freundlich getragen. Das war gut.

Sie müssen wie ein Pfingstgewitter über das verträumte Riddagshausen gekommen sein. Plötzlich war die Ruhe dahin, ganz Deutschland sprach von Riddagshausen und dem verrückten Pastor.
Nun übertreiben Sie aber.

Immerhin sind Sie im Fernsehen aufgetreten, in einer der beliebtesten Sendungen zur Hauptsendezeit!
Das stimmt, aber das hat auch Spaß gemacht, weil ich stereotype Vorurteile gegen den Strich bürsten konnte.

Erzählen Sie bitte!
Es ging um den »Riddagshäuser Kirchenschlaf«, der wurde, da haben Sie recht, zum Medienereignis ohne Ende: Mit allen Leuten Streit, böse Leserbriefe in der *Braunschweiger Zeitung;* alle Morgenmagazine der *ARD* berichteten. Alles, was südlich von uns war, hatte eine wunderbare Assoziation: Klosterkirche gleich katholisch – also jetzt schlafen sie da mit den Nonnen! Der Saarländische Rundfunk rief an, und ich klärte auf: »Wissen Sie, wir sind hier im Norden, bei uns sind die meisten Klosterkirchen evangelisch.« Gegenfrage: »Wie?« »Ja«, sagte ich, »seit 500 Jahren schon.« Ende.

Landesbischof Dr. Müller riet mir milde: »Können Sie das nicht Meditations-Stunde nennen, dann sind doch die Leserbriefe überflüssig.« – »Nein«, entgegnete ich, »nenne ich es Meditationsstunde, kommen 20 Leute; nenne ich es aber Kirchenschlaf, kommen 150 Leute am Sonntagnachmittag.« Mein Vorvorgänger, bei dem sie immer bei der Predigt eingeschlafen sind, der moserte am meisten; der fühlte sich offenbar angesprochen.

Das Plakat zum Riddagshäuser Kirchenschlaf

Was war der Kirchenschlaf: Ein Schnarchkonzert?
In einem ruhigen Raum, in einer wunderschönen Atmosphäre hast du die Möglichkeit, so abzuschalten, dass du wirklich zu dir kommst – wie auch immer. Man kann es Betstunde nennen oder Meditationsstunde, ich nenne es Kirchenschlaf und zitiere aus Psalm 127: »Den Seinen gibt's der Herr im Schlafe.« Ich erzählte die Geschichte von Paulus im griechischen Troas: Ein Mann sitzt während der Predigt am offenen Fenster, schläft ein und fällt runter – aus dem dritten Stock. Das ist das Gegenbeispiel zum Kirchenschlaf.

Den Kirchenschlaf habe ich immer in den Sommerwochen am Sonntagnachmittag durchgehalten. Die Leute waren in den Ferien, und es war richtig nett, die Musik kam vom Band, niemand musste etwas singen, auswendig sagen, dem Prediger oder Organisten zuhören: Entspannung für die Seele – denken und danken, nachdenken und Gedanken nachhängen.

Wann kommen Sie endlich zum Fernsehen?
Sofort! Der Kirchenschlaf hat mich dann zu Alfred Biolek gebracht, der damals einer der berühmtesten Showmaster war mit »Mensch Meier«. Ich trat auf gemeinsam mit Arnold Schwarzenegger, mit Christo und seiner Frau und anderen. Der Biolek war nett, er begrüßte mich und sagte: »Ach ja, Sie sind also evangelisch oder so, ich bin böhmisch-katholisch, und heute Abend ist das alles voller Publikum: Da sitzen hier ungefähr 150 Leute, das ist ganz aufregend, und es ist live.« Ich habe ihm geantwortet: »Bei mir in der Klosterkirche sitzen manchmal weit über 1.000 Leute – und es ist ganz aufregend, und es ist live. Zu Heiligabend war sogar die Freiwillige Feuerwehr da und hat auf die Kerzen aufgepasst.«

Haben Sie in der Sendung den »Silbernen Meier« bekommen, den ich immer noch auf Ihrem Schreibtisch sehe?
Mit uns drei Kandidaten machte Biolek eine Quizsendung. Wir mussten also irgendwas erraten, ich weiß es nicht mehr genau. Ich wurde Zweiter und bekam statt des Goldenen den Silbernen Meier. Aber gefreut habe ich mich sehr und ihn in Riddagshausen im EDEKA-Laden ausgestellt.

Warum gibt es aus Ihrer Riddagshäuser Zeit so viele skurrile Geschichten? Damit könnte man einen kompletten Kabarett-Abend bestreiten.
Riddagshausen ist halt ein Dorf. Da passiert alles oder nichts. Da hat man als Pfarrer keine großen Schwierigkeiten aufzufallen. Kennen Sie diese Geschichte, die meine Frau oft erzählt? Nach einem Gottesdienst gehen wir mit einem befreun-

Der Pokal »Silberner Meier« steht heute noch in Hempels Dienstzimmer am Dom. Er bekam ihn für den zweiten Platz in Bioleks Quizsendung »Mensch Meier«. Zuerst wurde der Pokal in Riddagshausen ausgestellt – wo der Kirchenschlaf für bundesweite Furore gesorgt hatte.

deten Ehepaar zum Grünen Jäger, einem beliebten Ausflugslokal. Wir gehen über den Klosterhof, und ein Vogel kackt mir so richtig schön auf den Kopf, auf dem damals noch ein paar Haare mehr wuchsen. Da hat meine Frau gesagt: »Jetzt bist du hier im Naturschutzgebiet akzeptiert!«

Dieses große Naturschutzgebiet gehörte zu meinem Einzugsbereich, auch wenn dort keiner wohnte. Wenn ich mit dem Fahrrad durch die Buchhorst fuhr, fuhr ich durchs Gemeindegebiet. Bei einer solchen Fahrt ist die Idee mit der »Feld-, Wald- und Wiesenandacht« entstanden. Die Idee ist ähnlich der des Kirchenschlafs: Ich nutze einen Begriff, den jeder aus dem profanen Leben kennt, und wende ihn ins Positive, ins Religiöse.

»Feld-, Wald- und Wiesenandachten« fanden statt …

… Beim Fischmeister: Der erzählte über Fischzucht, und ich erzählte Fischgeschichten aus der Bibel.

Im »Grünen Jäger«: An Himmelfahrt saßen tausend Leute auf der Terrasse oder standen unter den Bäumen (die Verkehrs-AG musste extra Busse einsetzen); Posaunenchor und Jägerbläser waren dabei; mittags stand die Gulaschkanone da; der Förster führte durch den Wald, die Lebenshilfe durch den Behindertenkin-

Bei einer Radtour durch die Buchhorst, ein großes Naturschutzgebiet, kam die Idee mit der »Feld-, Wald- und Wiesenandacht«. Die Idee ist ähnlich der des Kirchenschlafs: Hempel, Pfarrer in Riddagshausen, nimmt einen Begriff, den jeder aus dem profanen Leben kennt, und wendet ihn ins Religiöse.

dergarten. Auch der Männergesangsverein sang: Der Männergesangverein Riddagshausen von 1858 wäre von sich aus nie auf die Idee gekommen, in einem Gottesdienst zu singen; ich war Mitglied im zweiten Tenor und habe versucht, mich wacker zu schlagen.

Dann noch: Ein Acker, eine Mühle, Bäcker Milkau – und zum Schluss Erntedankfest im Dom.

Sie waren in sieben Vereinen?

Ich war in allen, ich habe sie nicht gezählt.

Erzählen Sie uns auch die Geschichte von dem Grundstücks-Kauf, von 30 Litern Bier und einem halben Schwein? Dann ist aber auch gut.

Der Riddagshäuser Schweineschmaus war eine tolle Geschichte. So eine Geschichte ging auch nur mit Dieter Hansmann, meinem Pfarrerkollegen. Er stammte aus Schöppenstedt, der hatte etwas Till-Eulenspiegelisches. Die Kirche hatte aus alter Zeit ein Stück Land an der Schunter, einem kleinen Fluss in Querum. Davon wussten wir nichts mehr, bis wir einen Brief von der Stadt bekamen: Sie wollte durch unser Grundstück einen Fußweg legen und dafür einen Pachtbetrag zahlen. Wir haben uns beraten: Was sollten wir mit dem Rest dieses kleinen Grundstücks anfangen? Wir verkauften es lieber komplett.

Die Stadt bot uns 90 Pfennig pro Quadratmeter. Da das Grundstück 1.200 Quadratmeter groß war, hatten wir einen überschaubaren Rahmen. Das Landeskirchenamt musste nur noch zustimmen. Doch der Grundstücksreferent war ein sehr eigener Typ: »So lange ich hier sitze, ist in Braunschweig noch nie ein Stück Land für unter einer Mark pro Quadratmeter verkauft worden. Bitte verhandeln Sie weiter.«

Da haben wir gesagt: Wir sind doch nicht blöd und verhandeln mit der Stadt um 10 Pfennige. Wenn das so schwierig ist, einen Geldpreis festzulegen, dann machen wir einen Naturalvertrag wie früher: Fünf Mal im Abstand von zwei Jahren ein 30-Liter-Fass Einbecker Bier und ein halbes, zu Wurst und Fleisch verarbeitetes Schwein – zu verzehren bei einem Riddagshäuser Bier- und Schweineessen mit Vertretern der Stadt Braunschweig, um das gute Verhältnis zwischen der Klosterkirche und der Stadt unter Beweis zu stellen.

Diesen Naturalvertrag haben wir beim Landeskirchenamt eingereicht, nachdem die Stadt zugestimmt hatte. Der Grundstücksreferent wollte lustig sein und sagte: »Interessant, interessant, aber dem kann ich nicht zustimmen, das muss ich erst mal testen, ob das überhaupt gut ist.« Da bin ich zum Fleischer in Riddagshausen gegangen und habe ihn gebeten: Packe ein halbes Schwein in die Molle; der Kirchenvorstand hat sich schwarze Anzüge mit Zylinder besorgt und ist mit mir zum Landeskirchenamt gezogen. Das Fass haben wir demütig und gebeugt ins Amt gerollt – zum Testen.

Der Grundstücksreferent wollte damit nichts mehr zu tun haben. Aber sein Chef, Oberlandeskirchenrat Jürgen Kaulitz, riet ihm: »Wenn Sie das geschrieben haben und die kommen jetzt zum Testen, dann müssen Sie jetzt auch testen.« Wir haben das ganze Landeskirchenamt eingeladen zu Hackbrötchen und all den leckeren Sachen. Es schmeckte allen, so dass der Grundstücksreferent entschied: »Ja, wenn das so ist, dann wird es so gemacht.«

Der Schweineschmaus fand tatsächlich fünf Mal statt: Oberbürgermeister Hartmut Scupin gab eine wunderbare Antwort auf meine Rede über alte Rechte und über die wechselhaften Beziehungen in 800 Jahren Kloster- und Stadtgeschichte; da ging es um Stellenbesetzungen, herzogliche Belagerungen, Brandschatzung, Fischereirechte usw. Dann haben wir gespeist und getrunken. Da blieb unendlich viel über: Das haben wir versteigert und hatten hinterher fünf Mal mehr Geld, als wenn wir es ein Mal verkauft hätten. Der Erlös kam der Arbeit zugute. Spaß hatten wir auch noch dabei.

Anekdoten über Anekdoten! War Riddagshausen für Sie eine Art Vergnügungsdampfer – mit Ihnen als Kapitän? Oder gab es auch ernste Sachen?
Na, mal langsam: Ideen, die Spaß machen, erreichen Menschen, den eine ständig sich nur todernst gebende Kirchengemeinde sonst selten begegnet. Dörfliche Kommunikationsstrukturen nutzen, um sie als Mittel zum Zweck auszubauen, war so etwas wie »Gemeinwesenarbeit«. Das war damals in der Kirche eher noch ein kleiner Versuch – allerdings mit großer Wirkung.

Ich bin doch Pfarrer geworden, weil ich dem Gemeinwesen und den Menschen dienen und Gottes Wort predigen wollte; in leeren Kirchen wollte ich allerdings nie Gottes Wort verkündigen. In Riddagshausen habe ich zum Beispiel einen theologischen Gesprächskreis gegründet und mit Dietrich Bonhoeffer begonnen: »Widerstand und Ergebung«. Es kamen erstaunlich viele Leute, denn wir lebten in ernsten Zeiten: Der Terror der RAF lähmte das Land. Es kam auch der Sohn eines früheren Oberbürgermeisters, es kamen Juristen – ihre Väter hatten sich während der Nazizeit nicht parteikonform verhalten –, es kam ein alter Lehrer, der seine Schüler morgens nicht hatte antreten lassen, um die Erfolge der Wehrmacht zu feiern. Wir haben mit Zeitzeugen theologisch und historisch gearbeitet. Das waren sehr dichte Gesprächsrunden!

Aus der Beschäftigung mit Bonhoeffer und dem Judentum ist die Frage von den Teilnehmern gekommen: Wir würden gerne mit Ihnen nach Israel fahren. »Nein«, habe ich gesagt, »nein, nach Israel fährt im Augenblick jeder.« Jeden Abend, an dem wir uns getroffen haben, versuchten die Leute es, bis ich endlich zugesagt hatte. »Aber ich mache auf dieser Reise nicht das, was alle anderen machen.«

Haben die Reisen in die Länder der Bibel auch einen Einfluss genommen auf das Gemeinde-Leben in Riddagshausen, auf die Liturgie, die Formen der Frömmigkeit?
Zuerst einmal habe ich die Traditionen wiederbelebt, die Martin Luther noch kannte und schätzte – etwa den Gottesdienst am Ostermorgen: Wir feierten morgens mit der aufgehenden Sonne, wir feierten mit dem ersten Licht – so wie wir es in der Bibel lesen – die Ostermette. Dieser Gottesdienst bei Sonnenaufgang fiel vielen schwer: Am Karsamstag zündeten wir in Riddagshausen das Osterfeuer an, danach waren viele erst spät im Bett und rochen nach Bratwurst. Interessanterweise wurde in Riddagshausen das Osterfeuer mit einer Brandrede des Pastors begonnen, bevor er der Feuerwehr das Kommando gab: »Steckt an!« Trotzdem habe ich nach äthiopischer Tradition den Frühgottesdienst eingeführt, aber in milder Form: In Äthiopien fangen sie am Abend an und machen dann sechs Stunden weiter. Um die Leute in Riddagshausen zu locken, gab's danach das gemeinsame Osterfrühstück.

Mit dem Frühstück lockten Sie die Leute wirklich in die Kirche?
Ja, ich musste sie schon locken, es war der Versuch wiederum, Liturgie und praktisches Leben zu verknüpfen. Tischgemeinschaft ist Kennzeichen der ersten Gemeinde! Ganz vorsichtig habe ich in der kleinen Frauenkapelle angefangen. Bei der Osterliturgie brauchen sie gute Sänger. Wir hatten einen Organisten, der hatte eine richtig schöne Bassstimme: Der sang die Osterliturgie. Ich habe später noch einen Chor gefunden, der früh um 5.30 Uhr singfreudig war – das war wunderschön!

Nach ein paar Jahren kamen 150 Leute zum Osterfrühstück. So haben wir gemeinsam Kirche wiederentdeckt gerade in den liturgischen Formen: Lernen von Luther und der Tradition, von Äthiopiern, von Anglikanern und allen, die noch an die Ursprünge mahnen.

Die kirchlichen Feste sind dabei zu verdunsten. Was uns in Riddagshausen gut gelungen ist: den Festen wieder Leben einzuhauchen, ob Ostern, Pfingsten oder Erntedank. Das bedeutete: Wir mussten neue Formate finden, meist angelehnt an tradierte Rituale, und die mit der Klosterkirche verknüpfen. Die meisten Ideen wurden erst belächelt, auch bösartig kommentiert, aber immer öfter hörten wir: Ostern musst du nach Riddagshausen gehen!

Und dann war nach zwölf Jahren Schluss. Fallen Ihnen Abschiede schwer?
Eigentlich nicht. Ich habe anständig und ordentlich als Pastor gearbeitet in dem Dorf und in den Teilen Gliesmarodes, für die ich zuständig war, Krankenhausbesuche und Besuche am Sterbebett eingeschlossen. Ich habe in Riddagshausen getauft, getraut und beerdigt; ich hatte das Sommerhalbjahr über jedes Wochenende vier Hochzeiten und drei Taufen; und jeden Sonn- und Feiertag Gottesdienste in der Klosterkirche.

Der Gemeindebezirk war groß, er ist zu meiner Zeit noch größer geworden: 1.800 Mitglieder. Ich hatte ganz alleine vier Konfirmandengruppen – und muss ehrlich sagen: Nach zwölf Jahren hatte ich das Terrain abgeschritten, sowohl was die Kapazitäten der Mitarbeiter anging wie die Art und Weise der Arbeit. Das Kirchenjahr war gestaltet: Ich wusste, welche Formate und Veranstaltungen auf dem Plan standen; dem Erntedankgottesdienst hatten wir einen Erntedankmarkt vorgeschaltet; Heilig Abend kamen zu vier Gottesdiensten bei Kerzenschein bis zu 7.000 Besucher; am Ersten Weihnachtstag habe ich nachmittags die Lichterkirche eingeführt.

Es ist gut, mal etwas anderes zu machen. Für mich kam der Abschied persönlich in einem richtigen Augenblick. Und da mich die Landeskirche als Pressesprecher haben wollte, habe ich gedacht: Dann mach das – die wissen ja, wie du bist. Aber das war auch ein besonderer Abschied aus dieser geprägten Situation von dörflich gut überschaubaren Strukturen und den vielen Menschen, die von der großartigen Klosterkirche angezogen waren. Der Abschied war leicht und schwer.

9. Der Pressesprecher – eine missionarische Situation

Der Pressesprecher Hempel stößt auf Ablehnung: In den Chefredaktionen und zuerst in der Kirche selbst, die sich geradezu verriegelt gegenüber den Medien – mit dem Einwand: »Wer sich in die Öffentlichkeit begibt, kommt darin um.« Die Lokalredaktionen öffnen allerdings ihre Türen und Spalten, weil der Pressesprecher gut informiert ist, nie herumdruckst und Nachrichten liefert, am liebsten in der Saure-Gurken-Zeit.

Joachim Hempel stammt aus einer Drucker-Familie, er hat seine Kindheit zwischen Farbeimern und Papierschnipseln verbracht, er hat schon in der Schule die Öffentlichkeit gesucht – und wie jeder gute Achtundsechziger verachtete er die Medien und suchte sie gleichzeitig: Wer die Welt verändern will, braucht Massen, die er erreichen kann, ob lokal oder national. Dann kamen Äthiopien dazwischen und Riddagshausen, das Dorf. Wie kam der Pastor vom Dorf in die große Medienwelt, sagen wir: die Medienwelt des Braunschweiger Landes?

Ein alter Pfarrer sagte mir: Die Gemeinde der Klosterkirche Riddagshausen ist die ganze Stadt Braunschweig – vergessen Sie das nie! Die ganze Stadt erreichte ich nicht: Ich hatte meinen Gemeindebrief. Deswegen habe ich den Kontakt zur *Braunschweiger Zeitung* gesucht: Ich wollte auch die »Laufkundschaft« erreichen. Plötzlich war ich oft im Blatt: Ich hatte auch was zu erzählen; ich wusste schnell, wie Journalisten so ticken, was sie brauchen. Das ist der eine Teil des Übergangs zum Pressesprecher. Der andere Teil ist die Öffnung der Kirchen.

Die Achtundsechziger übernahmen langsam das Kommando auch in der Kirche, sozusagen auf ihrem langen Marsch durch die Institutionen.

Auf jeden Fall entdeckten die evangelischen Kirchen in der EKD plötzlich die Öffentlichkeitsarbeit. Vorher war man sich oft zu fein gewesen, man wollte in den Medien gar nicht vorkommen, weil das alles gefährlich war: »Die verstehen uns ja nie, die Journalisten.«

Ist das heute besser geworden?
Nein, aber es ist nicht mehr so verbreitet, dies »Was Journalisten auch schreiben, es ist immer verkehrt – die verstehen uns einfach nicht«. Ich frage die Skeptischen, die Medien-Verweigerer gerne: Wenn euch die Journalisten schon nicht verstehen, die doch Fragen stellen, was meint ihr: Wer versteht euch überhaupt noch? Auch bei euren Predigten am Sonntag? Da machen sie große Augen.

Pressearbeit weist auf unser theologisches Kernproblem hin: Hermeneutik – Übersetzung, Verdolmetschung, Verknüpfung mit dem existentiellen Hier und Jetzt. Oder ganz einfach: Wie sag ich's meinem Kinde?

Was haben Medien mit Theologie zu tun? Laufen da nicht endgültig die Journalisten davon, die kritischen allemal?
Das ist in der Tat eine missionarische Situation. Wie erreichen wir die Journalisten, von denen unsere Kirchenvertreter, gerade die gutwilligen, fast weinerlich sagen: »Journalisten wollen mich nur reinlegen; die sind alle nicht kirchlich«?

Wie wollen Sie Journalisten knacken?
So wie es jeder tut: Du sagst ihnen, dass es sich lohnt, dir zuzuhören. Dann hast du jemanden, der dir zuhört; und du hast die Chance, es so zu erklären, dass der Journalist sagt: Ja, ja, das ist eine Nachricht. So wurde ich Pressesprecher der Landeskirche. Die war eine der letzten in Deutschland, die eine Pressestelle schuf. So den Anschluss verpasst hatte die Kirche im Braunschweiger Land, nur in Oldenburg war der Entscheidungsprozess noch langsamer.

Joachim Hempel als Pressesprecher des Landeskirchenamts …
… nein, nicht des Landeskirchenamts, sondern der Landeskirche. Das war ein feiner, aber entscheidender Unterschied, der mich auch von Hannover und den meisten anderen Pressesprechern unterschied. Auf der Klaviatur habe ich oft gespielt, wenn ich Ärger im Landeskirchenamt hatte. Die Idee zur Informations- und Pressestelle kam übrigens aus der Landessynode: Dietrich Fürst, der Synodale und Vorsitzende des Finanzausschusses, hatte sie immer und immer wieder gefordert.

Was macht den Unterschied aus: Sprecher von Landeskirchenamt oder Landeskirche?
Ich war für die Gemeinden und die Pfarrer da, für alle Pfarrer und den Bischof, und nicht etwa nur für das Landeskirchenamt in Wolfenbüttel. Deswegen war ich auch viel unterwegs. Nun gut, damals gab es noch keine E-Mails. Post oder

direkter Kontakt – das waren die Wege der Kommunikation. Wenn ein Pfarrer etwas Interessantes hatte, besuchte ihn der Pressesprecher in seinem Pfarrhaus und verschaffte seinem Projekt die Öffentlichkeit, die es verdiente.

Sie sprechen von Mission, ich nenne es Propaganda. Die Kirche möchte Journalisten zum verlängerten Arm der Kirche machen oder des Bischofs, wenn er stark genug ist.
Ich verstehe unter Mission etwas anderes, aber ansonsten ist die Einschätzung richtig: Diese Sicht auf Journalismus war fatal und provozierte eine journalistische Sicht auf Kirche, die ebenso fatal war. Das ist ganz kleines Denken, immer noch weit verbreitet in der Kirche: Wenn die Zeitung schon etwas bringt, dann 1:1 das, was wir ihr aufgeschrieben haben.

Der Student Joachim Hempel liebte die Synoptiker, also den Vergleich der Evangelien: Matthäus, Markus, Lukas und Johannes schrieben über ein- und dasselbe Ereignis verschieden akzentuierte Geschichten – eben kein Wort-Protokoll. Haben Ihre Kollegen nicht aufgepasst im Studium? Bearbeiten von Texten ist so alt wie die Bibel!
Das habe ich auch oft gefragt: Habt ihr in der historisch-kritischen Erforschung des Neuen Testaments nie was von Redaktionsarbeit gehört? Nichts anderes als unsere Evangelisten machen die Redakteure, manche besser, manche schlechter – wie in der Bibel und im richtigen Leben. Ein Redakteur ist einer, der bearbeitet. Er ist doch nicht Propagandist oder verlängertes Sprachrohr.

Wie eben ein Pressesprecher!
Nein, so habe ich mich nie verstanden. Ich habe nicht gelogen, um Dinge schön zu reden, nichts verschwiegen, ich habe mich zur Wahrheit verpflichtet. Ich kann ja gar nicht anders. Manche Zahlen und Fakten sollen aber lieber nicht an die Öffentlichkeit – das gibt es auch in der Kirche. Doch wer unter der Aussage Jesu arbeitet: Die Wahrheit wird euch frei machen, hat einem hohen »Code of Ethics« zu folgen. Oder?

Wie beginnt ein Pressesprecher seine Arbeit – ein Pressesprecher, der zuvor in aller Freiheit seine Gemeinde geführt hat?
Ich musste aus dem Pfarrhaus raus, mir mit meiner Frau eine Wohnung suchen. Es gab keine Residenzpflicht mehr. Der Morgen war ein anderer Morgen geworden: Jeden Morgen ins Amt, 7.30 Uhr Morgenandacht, so fing das an. Es kam noch besser: Es gab nichts in meinem Dachzimmer. Keinen Schreibtisch, nur einen Stuhl,

keinen Bleistift, keine Sekretärin, so ging das los, nur eine Kugelkopfschreibmaschine und ein Telefon. Ich musste erst einmal Behörde lernen. Informationen musste ich mir erkämpfen, denn das war ja eine ungewohnte Sache, dass an den Pressesprecher auch vertrauliche Informationen weitergegeben werden mussten.

Ich konnte mir aber schnell das Vertrauen von Landesbischof Dr. Müller erwerben, der allerdings alles andere war als ein Mann, der in die Öffentlichkeit wollte. Gerhard Müller war Uni-Professor gewesen, das merkte man. Er war aber keiner, zu dem man dauernd »Herr Professor« sagen musste. »Prof. Dr. Gerhard Müller DD« – über den Titel musste ich schnell mit ihm sprechen. »Das ist für eine Bildunterschrift oder Überschrift in der *Braunschweiger Zeitung* nicht kompatibel. Worauf kann ich verzichten? Wie hätten Sie es gerne?«

»Der Professor kann weg«, sagte er, »ich bin hier Bischof. Der Ehrendoktor kann weg, der Doktor gehört zum Namen – also: Landesbischof Dr. Gerhard Müller.« Ja, was habe ich bei vielen Anderen erlebt, welch Aufstand wurde gemacht bei Titulaturen und Anreden, wie viel Sauersein gab es bei Sitzordnungen und reservierten Parkplätzen. Gerhard Müller jedenfalls legte keinen Wert darauf – ihm kam es auf die Inhalte an, die die Kirche in der Öffentlichkeit platzieren wollte.

Später nannte er die Journalisten seine liebsten Gesprächspartner, weil sie kritisch nachfragten. Er hat mich in allem unterstützt: Der Pressesprecher muss möglichst alles wissen, sonst kann er keine adäquaten Antworten geben; wenn der gefragt wird und weiß nichts, dann ist das dumm – das können und wollen wir uns nicht leisten. Also bekam ich das Recht, in den Sitzungen der Kirchenregierung, im Kollegium, in sämtlichen Synodalausschüssen dabei zu sein und hatte auch Rederecht; ich hatte überall freien Zugang – zum Ärger mancher, die um ihr Herrschaftswissen fürchteten.

Wie haben Sie die eingefangen, die skeptisch bis ablehnend dem Pressesprecher begegneten?

Durch persönliche Kontakte! Das hatte ich in Riddagshausen gelernt. Ich konnte da mit sehr unterschiedlichen Menschen reden: mit der Herzogin Victoria Luise und den Gutsarbeitern, die ihr Leben lang Rüben verzogen hatten. Dieses Hin und Her in den gesellschaftlichen Schichten ist mir seit meiner Kindheit vertraut.

Was ist ein Pressesprecher?

Zuerst einmal: Was ist er nicht? Oder wie wollen ihn die Landeskirchenämter sehen? Er soll Pressemeldungen schreiben, die von den Zeitungen übernommen werden, unangetastet! Nein. Er soll Pressekonferenzen veranstalten! Es kommt

Die Medien faszinierten Joachim Hempel auch nach seiner Zeit als Pressesprecher: 2009 spielte Maria Furtwängler als Kommissarin in einem Braunschweiger »Tatort« und wurde prompt vom Domprediger und von Pfarrer Kohn in den Dom eingeladen.

aber keiner außer dem »epd« und der Evangelischen Zeitung. Also nein. Das ist die falsche Selbstwahrnehmung der Kirche: Die meint, wenn sie ruft, müssen alle kommen. Heute sage ich: Pressesprecher ist ein politisches Amt.

Man muss es allerdings richtig wahrnehmen, man muss die Kontaktperson Nummer Eins sein. Zuerst habe ich die Kontakte zu allen Zeitungen in unserer Landeskirche aufgebaut, ich bin zum *Gandersheimer Kreisblatt* genauso gefahren wie zum *Seesener Beobachter*, zum *Harzkurier* und zur *HNA*. Überall bin ich gewesen. Ich habe mich bei der Bezirkspressekonferenz einladen lassen, hatte gute Kontakte zum *NDR*-Studio. Der schwierigste Brocken war ausgerechnet die größte Zeitung, die *Braunschweiger Zeitung*. Dort fand niemand, Kirche sei wichtig – es sei denn, es gab einen Skandal. Zu dem Lokalchef hatte ich persönlich einen guten Draht, er mochte mich, aber mit der Landeskirche hatte er nichts am Hut. Ich habe in meinen fünf Jahren als Pressesprecher ein einziges Vier-Augen-Gespräch des Chefredakteurs mit dem Landesbischof organisieren können. Fünf Jahre hat mich das gekostet.

Chefredakteure sind meist schwierige Menschen, nicht nur für Bischöfe. Was war denn das Ergebnis des Spitzengesprächs?
Das Ergebnis des Gesprächs war, dass es stattgefunden hatte.

Das hört sich nach verlorenen fünf Jahren an.
Überhaupt nicht. Medien bestehen nicht nur aus Chefredakteuren, bei aller Wichtigkeit und bei allem Einfluss. Die meisten Journalisten haben mich schnell akzeptiert, weil ich auskunftsfreudig war. Zudem habe ich zweierlei entdeckt:

1. Ich habe das berühmte Sommerloch für mich genutzt. Weil wir keine schulpflichtigen Kinder hatten, war ich im Sommer – in den Ferien – immer da. In dieser Zeit sind die Journalisten am zugänglichsten, weil sie nach Themen suchen. Ich habe Themen in dieser Sommerzeit platziert über »Kirche im Grünen«, Tourismus-Seelsorge im Harz, über schöne Kirchen, die gerade renoviert werden, die Sommerbilanz der Evangelischen Familienbildungsstätten – und siehe da, es gab riesige Artikel. Das hat mir richtig Spaß gemacht, Journalisten etwas zu servieren, wo sie richtig anbissen.

2. Das habe ich auch erfunden: Wenn die Journalisten nicht zu uns kommen, etwa zu Pressekonferenzen, dann gehen wir zu ihnen. Ich habe Bischofsbesuche in Redaktionen organisiert. Leicht war das nicht – für die Kirche. »Einen Bischof zu vermarkten« war in der evangelischen Kirche fürchterlich umstritten. Wenn immer nur der Bischof öffentlich präsent ist, gibt es bei anderen Würdenträgern in der Kirche schnell saure Mienen! Die wirklichen Probleme, die ich in meiner Aufgabe hatte, waren meistens innerkirchliche Auseinandersetzungen. Die Journalisten reagierten durchgehend positiv. So richtige Schwierigkeiten machte mir nur meine eigene Institution.

War das typisch, dass Kirche in den regionalen Zeitungen wenig oder überhaupt nicht vorkam?
Nein, das war niedersächsisch. Es gibt Regionen wie das Eichsfeld, aber auch das Schaumburger Land, da waren die Kontakte zu Lokalredaktionen gut. Sie überall zu stärken, das hatte ich mir als erste Aufgabe gestellt. Gerade weil sich die Türen zur Zentralredaktion kaum öffnen ließen, bin ich in die Lokalredaktionen gegangen. Die waren in der Regel alle freundlich, weil sie endlich mal etwas anderes hatten als nur Feuerwehr und Gartenverein und Schützenverein. Ich habe mich auch gerne zu Redaktionsgesprächen einladen lassen. Am häufigsten hat mich Ursula Müller von der *Goslarschen Zeitung* eingeladen.

Aber die Landeskirche in die Zeitungen zu bekommen, also in den überregionalen Mantelteil, blieb kompliziert. Da habe ich mir im Kalender des Bischofs jeden Monat zwei Tage blockieren lassen: Ich machte ein Programm für und mit ihm, etwa Besuch bei der Zuckerfabrik in Wierthe, Treffen mit dem Direktor und Gespräch über Rübenquoten und Verpachtung kirchlicher Ländereien. Der Bischof freute sich über Wissenszuwachs und über Präsenz im Land; die Zuckerfabrik-Manager fühlten sich geehrt: Das erste Mal in ihrer langjährigen Geschichte, dass ein Bischof sie besuchte. Zum Mittagessen haben wir die Presseleute eingeladen und Bürgermeister, Landrat und wer da noch wichtig oder interessant war: Arbeits- und Lebensverhältnisse vor Ort, das war das Thema – und die Rolle der Kirchengemeinden.

Spielten Radio und Fernsehen keine Rolle?
Die Zeitungen waren und sind das entscheidende Medium. Im *NDR*-Fernsehen kam Braunschweig nur selten vor, da spielte Hamburg die erste Geige, dann kam Hannover und dann lange nichts mehr. Kein Fernsehstudio in Braunschweig – bis heute nicht! Der Hörfunk war schon wichtiger, vor allem die neuen Privatfunkredaktionen interessierten sich, ebenso wie Anzeigenblätter, die Texte suchten.

Ich habe mit dem Bischof Sprechproben für Radiointerviews gemacht, und wir haben zusammen kurze Antworten für das »1:30-Format« geübt. Und da muss wirklich geübt werden, gerade auch dort, wo junge Hörer dran bleiben sollen.

Ein »braver« Bischof offenbar. Sind alle Bischöfe so folgsam gegenüber ihren Pressesprechern?
Weiß ich nicht; aber die Hörfunkjournalisten mochten unseren damaligen Landesbischof sehr, weil er sich auf sie und ihre Arbeit einließ und auch nach ihren Arbeitsbedingungen, Background und Erfahrungen mit Kirche fragte.

In Ihrer Zeit als Pressesprecher erfand der Rundfunk den Schnipsel-Journalismus: Kein Beitrag durfte länger sein als 1:30, also eine Minute und dreißig Sekunden. Der Trend zur Kürze setzt sich im Internet weiter fort: Je kürzer, desto besser.
»Da kann man doch nur Lügen verbreiten! Die Wahrheit in 1:30 geht doch gar nicht!« So polterten junge Theologiestudenten, die mich zu einem Vortrag eingeladen hatten. »Wenn Sie eine Freundin haben oder eine Frau und sagen zu ihr ›Ich liebe dich‹, dann ist das hoffentlich die Wahrheit. Dafür brauchen Sie noch nicht mal 1:30«, antwortete ich. »Das ist im Grunde genommen das Format einer Fünf-Minuten-Andacht. 1:30 ist sehr, sehr lang, wenn du konzentriert redest.«

Stieg in den fünf Jahren, die Ihnen gegeben waren, die Akzeptanz bei den Pastoren? Offen gesagt: sehr langsam. Viele Kollegen blieben dabei: »Lieber Herr Hempel, wer sich in die Öffentlichkeit begibt, der kommt darin um.« Deshalb wollten die von mir nichts annehmen. Ich habe dann in jeder Propstei einen Öffentlichkeitsbeauftragten gewonnen und diesen Auftrag installiert; mit denen trafen wir uns jede Woche im Landeskirchenamt. Bevor Mitteilungen an die Presse gingen, bekamen die Beauftragten eine Vorab-Information. Diese Runden gibt es heute noch, sie dienen dem direkten wichtigen Austausch und der Meinungsbildung in den Regionen und verschiedenen Arbeitsbereichen der Kirche. Aber vergessen Sie nicht: Das war alles in der Vor-Internet- und Vor-E-Mail-Zeit, Telefax war gerade erfunden, und in den Redaktionsräumen ratterten noch Telex-Lochstreifen.

Dokumentation
Predigt (von Joachim Hempel)

Von SMS und altmodischen Briefen

SMS ist heute die Kurzvariante; E-Mail erfordert Tastenkunde – die Schnelligkeit unserer Kommunikation ist erstaunlich, faszinierend und fehlerbehaftet zugleich. Postkarte oder gar Brief, von Hand geschrieben, mit Briefmarke versehen, der Postbeförderung und dem Briefträger anvertraut, ist vielen in der Tat nicht mehr vertraut, klingt nostalgisch – ist auch wirklich »von gestern«.

Aber: Verliert der Mensch die Handschrift, verliert er ein Alleinstellungsmerkmal – vielleicht hat der Brief als Kommunikationsinstrument mit seinem besonderen Charme ja doch noch eine Chance.

Ganz früher brauchte es Boten, die liefen, rannten, die schriftliche Botschaft weiterreichten an den nächsten, Staffellauf ist so entstanden, nicht als Medaillendisziplin bei sportlichen Events, sondern als »neue« Errungenschaft des Kommunizierens. Nachrichten waren schon immer begehrt, Informationen zu allen Zeiten notwendig, Grüße willkommen und Lebenszeichen hilfreich – fast so wie heute im Zeitalter des Mobilen »Wo bist'n du grade?« – und »Wie is'n das Wetter bei euch?«

In den alten Zeiten hatten das Schreiben oder Briefe allerdings noch mehr Gewicht – was die Inhalte betraf; dazu war diese Form der Kommunikation doch noch zu beschwerlich, zu teuer, zu selten. Geschrieben wurde, wenn's um Wesentliches, Existentielles ging – um Wohl und Wehe; nicht nur persönliches Glück, sondern das Wohl ganzer Völker stand da oft auf dem Spiel.

Ein echter Klassiker ist der Brief, den Jeremia an die im Exil lebenden Landsleute schreibt. Es ist quasi eine Auftragsarbeit, die er da ausführt, denn von Gott stammt die Botschaft, die er notiert und auf den mühsamen Weg durch Wüsten, Steppen und an Flussläufen entlang nach Babylon sendet, wohin die gesamte Führungselite des Volkes Israel geschleppt worden war. Die Eroberer Jerusalems hatten einfach die Nase voll von diesem aufmüpfigen Völkchen am Rande der politischen Einflusssphäre und hatten nach mancherlei Drohungen nun ernst gemacht. Und da saßen sie nun an den Ufern von Euphrat und Tigris und weinten sich die Augen rot.

Was für ein Ereignis: Post aus der Heimat! Was aber erst für ein Ereignis: der Inhalt der Post! »Baut Häuser, wohnt, heiratet, arbeitet: Suchet der Stadt Bestes! Betet für eure Entführer; geht es ihnen gut, geht es auch euch gut. Richtet euch ein, die Zeit des Exils dauert länger – die, die weggeführt wurden, werden nicht wieder zurückkehren. Eine neue Generation wird das Glück der Heimkehr erfahren!«

Gottes Handeln in der Geschichte dient nicht vordergründigen Dingen, Exil meint Läuterung, Besinnung, Nachdenken, Beten. Exil meint, neue Erfahrung machen angesichts erschwerter Umstände.

Jeremias Tintenkunst muss noch mehr notieren, wofür man ihn sicher nicht nur dankend loben wird: Von Verantwortung ist die Rede, von Verantwortung für unverantwortliches Reden und Tun, denn Gott beschreibt den Zusammenhang, der seinem Volk nach dem spektakulären Bundesschluss unter Mose hätte eigentlich klar gewesen sein müssen: Wer Gottes Wort hört, seinen Willen und seine Gebote kennt, sich gerne und ständig auf eine besondere Verheißung beruft, dem – vor allem seinen Führern politischer und geistlicher Autorität – sollte auch deutlich vor Augen sein, welche Verantwortung darin liegt, wenn es um die Konsequenzen daraus geht.

Unser aller Tun ist nicht ohne Konsequenzen, nicht ohne Folgen, nicht ohne Kollaterales: Vom denkenden Menschen darf erwartet werden, dass er denkt; vom Gewissen darf erwartet werden, das es sich meldet; vom Gefühl der Liebe darf erwartet werden, das die Liebe nicht auf der Strecke bleibt: Ja, vom Menschen darf erhofft werden, dass er vor allem menschlich ist – und das heißt, dem Leben, dem guten Leben, dem gelingenden Zusammenleben verpflichtet und verbunden!

»Wenn ihr mich sucht, nach mir fragt, wenn ihr von ganzem Herzen nach mir verlangt«, spricht Gott, »dann will ich mich finden lassen, denn ich hege Gedanken des Heils und nicht des Leids gegen euch!«

Dieser Brief verlangt nach Antwort – nach Antwort im Alltag der Menschen; ein Antwortbrief ist nicht nötig; hier gibt es noch einen anderen Weg des Kommunizierens, den Weg des Gebetes. Dieses Gebet ist nicht etwa Formel oder Litanei, sondern Alltagssache: »Suchet der Stadt Bestes!« Hier geht es im paulinischen Sinn um den Gottesdienst im Alltag der Welt (Römerbrief). Gott wartet auf eine verlässliche Antwort, nicht auf Wort-Tiraden. In einer Welt unzähliger Papiere, Resolutionen, Erklärungen und Aufrufe – gerade auch in kirchlichen Zusammenhängen – ist Gottes Ruf zu den »Basics«, den Wurzeln, den Grundlagen des gelingenden, gesegneten Lebens die zukunftsweisende Herausforderung.

Nicht wir Menschen sind es, die angesichts Gottes Forderungen zu stellen hätten, sondern wir müssen unserer Verantwortung gewahr werden, die wir für uns anvertrautes Leben haben: das eigene kostbar einzigartige Leben, das Leben derer, die Mit-uns-Menschen sind, und der Schöpfung, die zu bebauen und zu bewahren wohl immer noch die beste aller Lebensvarianten beschreibt: »Wer auf Gott vertraut, hat wohl gebaut, im Himmel und auf Erden.«

Prima, was in Holzbalken über die Türen alter Fachwerkhäuser geklopft wurde. Die Exilierten sollten es sogar über ihre Häuser an Babylons Flüssen schreiben, vor allem aber in Herz und Sinn. Das nennt Jeremia »Gewissensschärfung«.

Und seine Botschaft – auf welchem Kommunikationsweg auch immer sie uns Heutige erreicht – lautet: Du hast ein Gewissen, benutze es auch! Denn Gott lässt dir durch mich sagen, was er von dir will, von dir, einem Gesegneten des Herrn.

10. Die Medien heute: Hektik und Sorglosigkeit

Die Todsünden des Journalismus im Internet-Zeitalter sind die Hektik, also die unentwegte Verbeugung vor der Aktualität, und die mangelnde Sorgfalt. Dabei sind Journalisten wie Domprediger Täter und Opfer zugleich. Der Domprediger beklagt das Unverständnis in der Kirche, wie Journalisten arbeiten; er denkt nach über soziale Netzwerke, Live-Übertragungen aus dem Dom und die Zukunft der Zeitung.

Das Internet verändert unsere Welt radikal – die Wirtschaft, die Gesellschaft und vor allem die Medien. Was davon ist das Werk des Teufels?
Zeitdruck, mangelnde Sorgfalt, Verantwortungslosigkeit! Dazu kommt: Alle Bereiche des Lebens, ob beim Einzelnen oder in der Gesellschaft, sind öffentlich geworden. Ich würde das weder verteufeln noch in den höchsten Tönen loben. Das ist wie immer beim Menschen: Es hat noch nichts gegeben, was der Mensch erfunden hat, was nicht zwei Seiten hätte. Aber die Journalisten haben sich verändert. Ganz erheblich sogar.

Sind Journalisten Opfer ihres eigenen Tempos geworden? Sind sie nur noch getrieben und gehetzt?
Ja, sie sind Opfer ihres Tempos geworden und Opfer der Vielfalt. Früher gab es diesen klassischen Journalisten, der eine humanistische Grundausbildung hatte: Den konnten Sie ansprechen auf alles, was es in der Gesellschaft gab. Aber diesen Typus finden Sie immer seltener. Das ist kein Vorwurf: Die Zusammenhänge werden eben immer komplizierter; ein Journalist lebt nicht mehr allein aus seiner Bildung, die bei den Jüngeren auch immer dünner wird. Er muss eine Sache erst einmal selbst verstehen, bevor er sie anderen erklären kann.

Wir erleben einen Bruch in den Medien: Früher machten Journalisten die Zeitung für sich, von den Zynikern des Boulevards einmal abgesehen. Heute versuchen immer mehr Journalisten, eine Zeitung fürs Volk zu machen, möglichst für alle – entweder aus der Überzeugung guter Demokraten heraus oder wegen der schwin-

denden Auflagen und des vermeintlichen Drucks aus dem Internet. War das bei Ihnen nicht ähnlich? Joachim Hempel musste seine humanistische Bildung zum Teil ins Regal stellen, damit er die einfachen Leute versteht und eine gemeinsame Sprache findet?

Ja, das war so. Als ich Pressesprecher wurde, hatte ich im Landeskirchenamt einen Dezernenten, der für mich zuständig war: Der war stolz darauf, Hörer von »NDR Kultur« zu sein. Die ganze Privatisierung im Radio, die neuen Sendeformate interessierten ihn nicht. Ich habe ihm gesagt: »NDR Kultur ist super. Aber das ist ein Minderheiten-Programm. Wenn wir als Kirche nicht aufpassen, werden wir als Kirche zum Minderheiten-Programm – weil wir uns nicht dafür interessieren, wofür sich unsere Mitglieder interessieren.«

Entschleunigung statt elektronischer Hektik: Joachim Hempel im Morgenland – mit Wasserpfeife und Uralt-Handy.

Allen habe ich immer wieder ins Gewissen geredet: Leute, denkt daran, wenn wir in der Öffentlichkeit nicht vorkommen, bleibt der Platz nicht leer; es sind andere da, die ihn füllen – und ob die besser sind? Ob deren Botschaft menschenfreundlicher ist? Ich habe als Pressesprecher schon versucht, unseren Platz für alle sichtbar zu besetzen – weil ich überzeugt bin, dass die Kirche auch mit ihrer Arbeit besser ist als viele andere Akteure im gesellschaftlichen Spiel.

Sie nennen als eine der Todsünden des modernen Journalismus: Verbeugung vor der Aktualität, das hektische Arbeiten unter dem Diktat der Zeit. Im Internet ist diese Hektik schon zum Prinzip geworden: der Sekunden-Journalismus. Die schnelle Nachricht schlägt die wahre Nachricht. Aber begleitete der Zeitdruck, wenn auch in milderer Form, nicht immer schon den Journalismus?
Ja, selbstverständlich – auch wenn mir die »Todsünde« zu römisch ist! Ich stamme aus dem Grundmetier des Journalismus, aus einer Druckerei und einem Verlag. Mir sind Arbeitsabläufe von Journalisten von Kindesbeinen vertraut. Ich weiß, unter welchem Zeitdruck sie stehen; ich weiß, dass eine Zeitung niemals mit freien Seiten erscheint – und dass ein Journalist die Seiten nur mit dem füllen kann, was ihm vorliegt.

Deswegen hatte ich immer sehr viel Verständnis für die Arbeitsweise der Journalisten. Das brachte mir bei ihnen Achtung ein, weil ich zu meiner Zeit einer der wenigen Pressesprecher war, die den Zeitdruck nachvollziehen konnten. In der Kirche hat es mir nur Kopfschütteln eingebracht, weil ich den Kirchenleuten die Konsequenzen daraus vorgehalten habe. Ich habe etwa vor einer Synode gesagt: »Es macht keinen Sinn, dass wir eine Pressekonferenz machen, wenn die Synode zu Ende ist – dann ist später Sonnabend, da interessiert sich kein Journalist für uns. Der Sonnabend ist der einzige Nachmittag, an dem Redakteure frei haben, weil am nächsten Tag keine Zeitung erscheint.«

Versteinerte Gesichter bei den Verantwortlichen. Keine Pressekonferenz? »Doch«, sagte ich, »sicher machen wir eine Pressekonferenz – nur früher.« Jetzt sah ich in ungläubige Gesichter: »Das geht doch nicht, wenn wir mittendrin sind.« »Doch«, entgegnete ich, »wir müssen unsere Diskussionen vermitteln, nicht nur die Ergebnisse.«

Die Braunschweiger Zeitung *hat, nach Ihrer Zeit als Pressesprecher, sogar einen Redakteur zur Synode geschickt, der über die Debatten berichtete. Die Berichte lösten, gelinde gesagt, noch mehr Schrecken aus.*

Na klar, weil man nicht mehr in der Hand hatte, was in die Öffentlichkeit gelangt. Aber damit muss die Kirche zurechtkommen. Dieselben, die eine lebendige Kirche fordern, kommen ins Schleudern, wenn man sie beim Leben erwischt. Dabei ist es doch wichtig für Braunschweig und die Landschaft, wie die Kirche diskutiert. Natürlich interessiert die Leute nicht nur, was diskutiert wird und was am Ende rauskommt, sondern auch die Art der Debatte, die Argumente, meinetwegen auch der Streit. Wir sind auf der Synode doch mitten im Leben.

Sie haben über den Rausch der Geschwindigkeit gesprochen: Nachrichten laufen immer schneller. Ist diese Hektik nicht auch die Hektik der Gesellschaft?
Es ist auch die Hektik des Dompredigers: Es gibt eine interessante Verbindung zwischen Pastoren, mindestens einem Domprediger, und Journalisten. Hektik ist in der Tat ein gesellschaftliches Phänomen. Nur bei Journalisten und bei mir wird das jeden Tag für jeden sichtbar und kontrollierbar: Journalisten müssen jeden Tag schreiben; Domprediger müssen jeden Tag predigen. Die Menschen erleben dein Hoch und dein Niedrig, du bist öffentlich und veröffentlicht: Alles, was du machst jeden Tag, ist zu lesen oder zu sehen oder zu hören.

Ein Journalist oder ein Domprediger kann sich mit seinem Leben und seiner eigenen Befindlichkeit nur bedingt hinter der öffentlichen Wahrnehmung verbergen. Das ist schon sehr öffentlich, finde ich, öffentlicher geht es nicht in einer Stadt, wo wir täglich den Leuten begegnen, über die wir schreiben oder sprechen.

Ich saß vor kurzem mit Ulrich Wickert, dem Gesicht aus dem Fernsehen, auf der Erfurter Krämerbrücke. Da kam eine Gruppe älterer Damen, gerade dem Touristenbus entronnen, eine schaute ihn an: »Sie kenne ich doch.« Ulrich Wickert fragte die Damen: »Woher kommen Sie denn?« – übrigens aus Wittenberg – und plauderte munter mit ihnen. Nachher fragte ich ihn, wie er denn damit umgehe: Überall wird er angesprochen. »Früher habe ich versucht wegzuschauen, zu ignorieren; heute gehe ich fröhlich auf die Menschen zu: Das tut beiden Seiten gut.«
Das kann Ulrich Wickert machen, das Fernsehgesicht, fröhlich eben, fröhlich. Aber laufe mal den Stadtbekannten über den Weg, denen der Domprediger gerade die Leviten gelesen hat oder der Chefredakteur im Kommentar die ungeschminkte Wahrheit. Das ist nicht mehr fröhlich. Nein, ein Domprediger oder ein Lokalredakteur hat das schwerere Los.

Das wird für die Redakteure der *Braunschweiger Zeitung* wieder eine große Herausforderung, wenn das Pressehaus nicht mehr vor den Toren der Stadt liegt, sondern wieder zurückkehrt in die Stadt. Die begegnen ihren Lesern wieder täglich auf der Straße! Wenn die Redaktion draußen liegt, kennt die Redakteure doch keiner mehr, die sind gar nicht mehr da. Wenn die zu einer Pressekonferenz fahren, fahren sie ins Parkhaus und sehen keinen. Da kann keiner spontan auf der Straße sagen: »Frau Soundso, Sie sind doch von der Zeitung: Was ich ihnen schon immer mal sagen wollte.«

Na, jetzt übertreiben Sie aber.
Aber nicht viel. Ich erinnere mich an eine Geschichte von K. J. K., das waren die Initialen des alten Lokalchefs Krause. Der erzählte immer: Da habe ich lange recherchiert, einen schönen Artikel geschrieben und kaufe am nächsten Tag auf dem Altstadtmarkt Spargel ein – und sehe, wie in meinen schönen Artikel Spargel eingewickelt wird.

Das würde er heute nicht mehr erzählen: Der Artikel steht bis zum Ende der Tage im Internet. Heute schreibt ein Journalist bis zum Jüngsten Tag.
Da habe ich einen noch größeren Respekt vor den Journalisten.

Auch die Predigten des Dompredigers stehen bis zum Jüngsten Tag im Netz. Früher musste sich Ihr oberster Chef im Himmel alles merken, heute kann er googeln.
Das macht alles noch komplizierter. Jeden Tag muss ich predigen und der Journalist muss schreiben – ob er mal eine tolle Idee hat oder keine. Du musst das jeden Tag machen: Diese Herausforderung durchzuhalten braucht eine ziemlich geprägte Persönlichkeit. Die neuen Techniken, die sozialen Netzwerke, die gaukeln uns vor, dass wir immer nahe dran sind an den Menschen. Aber die persönlichen Kontakte zu den Menschen werden immer weniger, man schaut sich immer weniger in die Augen. Das ist eine Verarmung, über die wir noch gar nicht richtig nachgedacht haben.

Sind mehr persönliche Kontakte nicht auch eine Chance für den Journalisten?
Nicht nur eine Chance für den Journalismus, sondern auch für Pastoren. In den Kirchen in Amerika kommen die Prediger sehr viel elektronisch daher. Das möchte ich nie haben.

Ist es nicht eine Frage der Zeit, dass die Abendandacht aus dem Dom live übertragen wird? Und was wäre daran schlimm: Zweitausend Zuhörer im Fernsehen oder Internet statt zweihundert im Dom?

Wir hatten schon einmal die Anfrage, Gottesdienste aus dem Dom ins Krankenhaus Marienstift zu übertragen. Ich habe zum Direktor gesagt: »Lassen Sie es lieber sein, die Situation des Marienstifts ist nicht mit der Situation des Doms kompatibel. Da lösen Sie eher Ärger, Frust und Ich-weiß-nicht-was aus, als dass es irgendjemandem gut tut.«

Der Tod im Topf ist, wenn du keine lebendigen Menschen mehr vor den Augen und vor der Nase hast. Egal, ob du verdorrst in einer Schlafstadt, allein lebst in einem Hochhaus oder verkümmerst in einem Altenpflegeheim, weil deine Familie sonstwo ist. Diese Armut ist das Thema in einer modernen technisierten Gesellschaft. Nachts fährst du zu einer Tankstelle und kaufst Fast Food, weil du den ganzen Tag nicht rausgekommen bist und Gänseblümchen nur noch aus dem Fernsehen kennst.

Die zweite Todsünde des modernen Journalismus sei die mangelnde Sorgfalt.
Die Geschwindigkeit fördert nicht die Sorgfalt. Das merke ich bei mir selber. Man ist auf Gedeih und Verderb dem ausgeliefert, was man in dem Moment, in dem man predigt oder schreibt, präsent hat. Hat man keine Zeit, muss man es wuppen, ohne zu prüfen. Und wenn man doch ein bisschen Zeit hat, um im Internet zu prüfen, kann man sich nicht darauf verlassen, dass die Information verlässlich ist.

Erleben wir so nicht das Ende jeder Spontanität? Wenn der Domprediger auf seiner Kanzel steht und auf seine Zuhörer schaut, dann reagiert er auch spontan und spricht ihn mehr oder minder direkt an.
Diese Spontanität würde ich für mich auch als große Gefahr bezeichnen. Sie verleitet einen zu Formulierungen, die man bei näherer Prüfung nicht wiederholen würde. Aber das ist ein Teil des Lebens: Das Leben besteht aus spontanen Begegnungen und Situationen, und ich predige auch dagegen, solch spontane Begegnungen für Ein und Alles zu halten.

»Das ist so einer«, höre ich über mich – immer wieder. Die Leute stecken einen Menschen gern in Schubladen, damit ihr Gewissen, so sie noch eines haben, gut aufgeräumt ist. Habe ich mit einem Millionär eine Aktion gemacht, bin ich ein Konservativer. Halte ich beim politischen Aschermittwoch der SPD eine Rede, bin ich ein Linker. War ich bei der Seniorenunion der CDU, dann stecke ich wieder in einer anderen Schublade.

Auch als Domprediger riss der Kontakt zu den Medien nicht ab: Als die *Braunschweiger Zeitung* 2009 den »Deutschen Lokaljournalistenpreis« gewann, lud er zur Preisverleihung in den Dom. Tausend Leserinnen und Leser erschienen, Bundespräsident Köhler mit seiner Gattin sowie Braunschweigs Oberbürgermeister Hoffmann (links) und, neben ihm, Thüringens Ex-Ministerpräsident Vogel.

Gibt es in zehn Jahren noch eine Zeitung in Braunschweig?
Da bin ich Klassiker: Ich glaube an die Zeitung auf Papier – nicht nur in Braunschweig, aber gerade in einer Bürgerstadt wie meiner. Ich halte nicht viel von E-Books und Internetzeitung, obwohl ich auf Flughäfen manchmal sehe, dass sie auch ihr Gutes haben. Ich brauche immer noch ein Buch, das ich in der Hand halte, das ich umblättern kann, in dem ich zurückblättern, mir etwas anstreichen kann. Dieses Rollende auf den Smartphones ist nicht mein Ding. Ich bin sicher, das zeigen ja auch die Buchmessen: Bücher und Zeitungen haben eine große Chance.

Das hört ein Zeitungsmann gerne. Nur – wo sehen Sie die Chancen der Zeitung?
Die Chancen liegen in der Region. Die Regionen sind die Zukunft Europas: Je globaler es wird, umso wichtiger die Region – und die regionale Zeitung, die uns täglich unsere Verwurzelung vor Augen führt.

Sprechen Sie damit gegen die Globalisierung – Sie als Weltenreisender, der den Orient so gut kennt wie das Braunschweiger Land?

Es geht beides: Global und lokal. Dass wir alle global orientiert sind, das merkt man daran, wo wir unseren Urlaub verbringen und Kontakt haben zu Menschen, die in der ganzen Welt verstreut leben.

Eine gute Lokalzeitung muss das Stadtgefühl haben, so dass die Leser sagen: Ja, das ist meine Zeitung. Was ist das Braunschweiger Stadtgefühl? Wie leben Sie es im Dom?
Stadtgefühl heißt: Es gibt nichts, was es nicht gibt. Wenn eine Zeitung immer dieselben Themen hat und sich selber beschränkt, ist das der Schritt in die falsche Richtung. Das Spannende für einen Journalisten wie für die Leser ist doch: Themen und Menschen zu entdecken, die man noch nicht entdeckt hat. Die Vielfalt beginnt vor der Haustür! Die Chance verbaut sich eine Zeitung, wenn sie ein paar wenige Themen ständig aufbereitet, bis der Informations-Mehrwert gegen Null geht.

Zum Beispiel?
Ich zähle dazu große Teile des Sports, der sich viel zu sehr konzentriert auf einige wenige Sportarten; dazu zählt auch Kultur, die im Wesentlichen aus der staatlich geförderten Kultur von Theatern, Opern und Festivals besteht. Eine Region braucht pfiffige Journalisten, die nicht nur wochenlang über Karnevalsumzüge oder Wohl und Wehe von Fußballern berichten.

Das bedeutet für Journalisten wie Pastoren und auch für Lehrer (bei denen funktioniert es am wenigsten): Sie müssen ganz und gar Teil der Gesellschaft an ihrem Ort sein, über den sie nachdenken und berichten. Wenn einer nur zu Besuch ist, und sei es für zwölf Jahre, wenn einer nur Karriere machen will und nicht richtig mit den Menschen lebt, geht es dir wie einem, der nach vielen Jahren feststellte: »Eine braunschweigische Seele habe ich hier in zwölf Jahren nicht gefunden.« Kannst du merkwürdiger über Menschen sprechen, die deine Nachbarn waren?

Da geht aber schnell die Distanz verloren, wenn ich mich mit Haut und Haaren in die Gesellschaft stürze. Wie kann ich noch einen Oberbürgermeister oder Domprediger kontrollieren, wenn ich mit ihm zusammen im Lions-Club bin?
Das geht so auch nicht bei einem Pastor: Wenn er bei jedem Geburtstagsbesuch zu viel trinkt, wird er das nicht mehr lange machen. Das heißt: Er, ob Pastor oder Redakteur, muss wissen: Wann ist es gut? Wann ist Schluss? Wenn sich ein Redakteur oder ein Pastor durch seine Leistung eine Bedeutung verschafft hat, wenn er

respektiert ist, dann muss er sich mal rar machen, dann tanzt er nicht mehr auf jeder Hochzeit. Diese Spannung zwischen »überall dabei sein« und »sich überall raushalten«, die muss er beherrschen.

Ich würde mich als Journalist genauso wie als Pastor nicht von jedem einladen lassen; ich geh schon lange nicht mehr überall hin. Der Lions-Club, meiner zum Beispiel, ist nicht 1:1 identisch mit meinem Freundeskreis. Ich habe mich von gesellschaftlichen Gruppen nicht wirklich vereinnahmen lassen. Das habe ich schon in Riddagshausen nicht gemacht. Das brauchte ich nicht. Dazu habe ich genügend andere Bezüge.

Andere lassen sich regelrecht kaufen – sicher immer in guter Absicht, um Spenden zu bekommen, einen gewogenen Kirchenvorstand oder Handwerker für das Kirchendach. Ich kenne einen Pastor, der sich bis zur Selbstaufgabe an einen Vermögenden gebunden hatte. Er bekam großzügige Spenden – und dann trat der Reiche doch aus der Kirche aus. Tja ...

Was ist ein pfiffiger Journalismus in einer Stadt? In einer Landschaft?
Ich nenne ein Beispiel: der Gemeinsam-Preis der *Braunschweiger Zeitung*, der jedes Jahr im Dom verliehen wird. Bei den Porträts, die die Redaktion vorher schreibt, taucht sie in ganz unterschiedliche Lebensumstände ein und entdeckt spannende Geschichten von Menschen mit Menschen und für Menschen.

Pfiffig ist auch, über Initiativen zu schreiben, die es ohne Ende gibt. Es gibt keinen Menschen im Braunschweiger Land, der nicht irgendwo eine Idee hat. Eine Zeitung hat die Chance, solche Ideen einem breiten Publikum zu präsentieren. Ich lese von Ideen, auf die ich selber nie gekommen wäre. Deswegen brauche ich die Zeitung.

Die Zeitung wäre eine Art Sauerteig in einer lokalen Gesellschaft. Spielen Recherchen und Nachrichten denn keine Rolle mehr?
Das setze ich voraus: Die Redaktion sagt mir, was wichtig ist, was ich wissen muss, wenn ich hier lebe. Eine Redaktion muss wollen, dass ich am Tag bestimmte Themen zur Kenntnis nehme – weil ich sonst nicht wirklich weiß, wie das Leben geht. Wenn die Journalisten sich zu sehr zurücknehmen – das ist die Kehrseite der Bürgerzeitung –, also wenn in der Zeitung zu viel individuelle Sichtweise von meinen Mitmenschen auftaucht, dann sehne ich mich nach einer Redaktion, die moderiert und redigiert und sagt, was wichtig ist. Ich will mich über meine Zeitung aufregen können und nicht über das, was Immer-wieder-Leserbriefschreiber oder anonyme Internet-Kommentierer von sich geben.

Noch einmal: Soll eine Redaktion nicht auch recherchieren und provozieren?
Ich erlebe eine Zeitung selten als provozierend, das muss ich ehrlich sagen.

Da regen sich ein Oberbürgermeister auf, ein Bischof, ein Minister, ein bedeutender Manager – eben weil sie provoziert werden.
Ich unterscheide zwischen subjektiver Wahrnehmung und objektiven Tatsachen. Wer Macht hat, fühlt sich in der Öffentlichkeit schnell provoziert. Das würde ich auch für mich sagen: Da begegnet mir einer, macht einen dummen Spruch, schon kontere ich oder gehe in mich.

Das ist etwas anderes als eine sachlich geführte Auseinandersetzung: Was ist richtig? Was ist falsch?
Ich vermute bei Politikern etwas Ähnliches, wie ich es bei der Kirche beschrieben habe: Viele sehen die Zeitung eigentlich als ein Medium zur Verkündung ihrer Botschaft. Aber wenn ich mich in die Öffentlichkeit begebe, muss ich auch mit den Reaktionen umgehen können. All denen ist zu wünschen, dass sie Pressesprecher um sich herum haben, die ihnen helfen, sich klug zu verhalten – statt nur in Schwarz-Weiß-Kategorien zu denken: Ich habe recht und die anderen, die Medien, haben mich mal wieder falsch verstanden.

Die bräuchten alle einen Pressesprecher wie Joachim Hempel.
Na ja.

11. Der politische Buß- und Bettag und die Bürgerkanzel

Wenn Feiertage und Sonntage nur noch kommerziell genutzt werden, werden die Menschen immer unwichtiger. Um die Feiertage, wenn sie schon nicht arbeitsfrei sind, im Bewusstsein zu halten, predigen am Buß- und Bettag prominente Politiker im Dom über einen Satz aus der Bibel – und am Reformationsfest Bürger über ein Thema, das sie selber wählen.

Sie regen sich gerne über Politiker auf. Aber richtig laut hörte man Sie, als die Politiker den Buß- und Bettag als Feiertag abschafften, um ihre Pflegeversicherung bezahlen zu können.
Eine Gesellschaft, die sich auf das Christentum beruft, muss den Christen schon ihre Feiertage lassen. Das ist keine Frage des Geldes, das ist eine Frage des Respekts. Auf unsere Feiertagskultur und unseren Sonntag zu pochen und Respekt zu fordern, das gehört für einen Pastor zum Kerngeschäft. Vermisse ich diesen Respekt, werde ich ziemlich deutlich.

Wenn wir uns so wunderschöne Dome und wunderschöne Städte leisten, die die Menschen gerne besuchen, dann sollten wir auch aufpassen, dass wir nicht weniger Wichtiges an die Stelle von Wichtigem setzen. Wenn die Feste und Festtage nur noch kommerziell genutzt werden und als Teil der Freizeitkultur verkauft werden, dann verlieren die Feste ihre Bedeutung und werden zur puren Freizeit. Und wenn Feste nur noch Freizeit sind, dann sind sie disponibel, Freizeit kann man nehmen oder geben.

Freizeit kann man füllen, beliebig, so oder so. Dann sind auf einmal die Maschinen wichtiger als die Menschen; und der Export und der Umsatz werden wichtiger als die, die ihn erwirtschaften. Das ist ein Rückschritt in unserer Entwicklung.

Entzündet hat Ihre Wut die Abschaffung des Buß- und Bettages.
Genau, das war Norbert Blüm, der meinte: Wir brauchen einen Feiertag, um die Pflegeversicherung zu finanzieren. Die Frage war nur: Welcher Feiertag soll es sein? Die katholischen Feiertage nahm der Katholik Norbert Blüm nicht so richtig in den Blick, da wurde Widerstand prognostiziert. Also guckte er bei den anderen

und dachte sich: Die Protestanten haben es sowieso nicht so mit den Feiertagen, die gehen nie in die Kirche – das fällt doch gar nicht auf, wenn wir denen einen wegnehmen.

Von der Landeskirche haben wir keinen Protest gehört, im Gegenteil: Leiser Beifall!
Unsere Kirche mit ihrer sozialdiakonischen Ader hat Beifall geklatscht, ziemlich laut sogar: Ja wunderbar, natürlich sind wir bereit! Wir geben gerne einen Tag her! Mein Kollege am Dom, der Propst von Braunschweig, war auch dafür. Nur der Hempel war ein Spielverderber: Nein, das geht nicht, kommt gar nicht in Frage!

Dann haben wir erst ein bisschen rumgedoktert mit Schulgottesdiensten: Die Schüler müssen für den Gottesdienst frei bekommen, obwohl der Feiertag futsch war. Toll, sagten alle, der Gottesdienst war voll, das muss ich ehrlicherweise zugeben. Das war ähnlich wie beim Reformationstag, der ja nie staatlich geschützter Feiertag war. Schüler gingen zur Kirche, es gab schulfrei. Zwei Ur-Feiertage der Protestanten in einem protestantischen Land, aber die Leute müssen arbeiten gehen. Da gäbe es bei vergleichbaren Feiertagen in Bayern einen Aufstand, oder?

Ich blieb bei meinem Nein, aber der gesetzliche Feiertagsschutz wurde entzogen; nur in Sachsen nicht. Ich habe nicht nur Nein gesagt, sondern auch: Es muss was Anderes her. Und es muss ein Format her, dass diejenigen, die für die Abschaffung gestimmt haben, an dem Tag in die Kirche gehen müssen. So ist der politische Buß- und Bettag entstanden. Das Ergebnis haut mich jedes Mal um: Früher beim gesetzlich geschützten Feiertag kamen 150 Leute in den Dom zum Gottesdienst, jetzt sind es bis zu tausend.

Sie laden einen Politiker ein zur Predigt. Aber prominent muss er schon sein.
Ja, am liebsten solche, die mal gerne gegen den Strich bürsten wie Renate Schmidt, damals SPD-Vorsitzende in Bayern, mit der wir angefangen haben. Es geht ja im Kern um Prüfung des Gewissens, um Umkehr von falschen Wegen, um Neuorientierung. Ein Land braucht einen Buß- und Bettag!

Können sich die Politiker ihren Predigttext aussuchen? Oder ist es immer der gleiche?
Ich gebe den Predigttext vor, es soll ja keine politische Rede werden, und spreche mit ihnen darüber. Mit Manfred Stolpe, damals Ministerpräsident in Brandenburg, habe ich lange über das Gleichnis von den Weingärtnern und dem Weinstock diskutiert. »Gib ihm noch ein Jahr!« war sein Thema – also nach dem Motto: »Gebt uns noch eine Chance: Buße als Chance.«

Alle Politiker haben mir nach der Predigt gesagt: In der Kanzel des Domes zu stehen, das ist schon eine besondere Geschichte.

Gab es auch mal Ärger?
Mit dem bayerischen Innenminister Günther Beckstein: Demonstranten kamen, und ich erlebte zum ersten Mal in meiner Zeit als Domprediger, dass der Dom mit Hamburger Gittern abgesperrt werden musste, damit die Leute zum Gottesdienst kommen konnten.

Sie geben auch am Reformationstag die Kanzel im Dom frei für einen Menschen aus dem Volk. Kommen da auch so viele Besucher?
Nicht mehr, aber viele. Am Reformationstag predigt der Polizeipräsident oder der Chefredakteur, der IHK-Präsident oder ein Professor von der Universität. Das ist eine alte lutherische Tradition, die sagt: Auf der Kanzel müssen nicht immer nur die Pastoren reden.

Diese Formate haben uns geholfen, Feiertage vor dem Verschwinden zu bewahren. Die Medien haben wir damit auch gepackt: Darüber muss berichtet werden! Wann berichten sie denn sonst über einen Bußtag oder Reformationstag? Die Feiertage werden zur Freizeit degradiert und verschwinden im öffentlichen Bewusstsein.

Noch ein Beispiel: Entweder gehen wir mit Esel und mit Palmzweigen vor den Dom wie am Palmsonntag, dann kommt sogar das Fernsehen, oder wir präsentieren jemanden auf der Kanzel, den man nur aus anderen Zusammenhängen kennt. Das ist dann plötzlich aufregend. Die Feiertage sind mir zu wichtig, als dass nicht alles versucht werden muss, um sie in ihrer Bedeutung zu erhalten. Dahinter steckt eine jahrhundertealte weise Erfahrung!

Dokumentation
Die Luthervesper mit Bürgerkanzel

Wer predigte auf der Bürgerkanzel am Reformationstag im Braunschweiger Dom?

2001 **Gerhard Müller**, Alt-Landesbischof, fordert, den Kirchenbann gegen Luther aufzuheben

2002 **Gerhard Eckels**, Vorsitzender Richter am Landgericht und Präsident der Landessynode, eröffnet den Laien-Reigen im Sinne des allgemeinen Priestertums

2003 **Horst-Udo Ahlers**, Polizeipräsident, legt ein starkes Bekenntnis zum Reformationstag gegen allen Halloween-Zauber ab

2004 **Sigmar Gabriel** bekennt sich zu seiner evangelischen Landeskirche, die Glauben und Verstand auf wunderbare Weise im Dialog hält

2005 **Armin Maus**, Chefredakteur *Fränkischer Tag* in Bamberg, spricht über protestantisches Selbstbewusstsein in starkem römischen Umfeld

2006 **Gerd Biegel**, Direktor des Landesmuseums, über historisch-reformatorische Traditionen im Braunschweiger Land

2007 **Jürgen Hesselbach**, Präsident der TU Braunschweig, über Geistes- und Naturwissenschaften im Dialog und im Sich-Ergänzen

2008 **Paul-Josef Raue**, Chefredakteur der *Braunschweiger Zeitung* mit Philosophiestudium und Kirchenväter-Kenner, ist der erste Katholik auf der Bürgerkanzel; er spricht über die Freiheit der Gedanken und über das, was die Gesellschaft jenseits des Wissens zusammenhält

2009 **Joachim Klein**, Präsident der »Braunschweigischen Wissenschaftlichen Gesellschaft«, spricht als Chemiker und Ehrenamtlicher in der »Akademie der Landeskirche« über das Miteinander von Glauben und Verstehen

2010 **Norbert Trelle** aus Hildesheim ist der erste römisch-katholische Bischof, der seit Einführung der Reformation 1546 im Dom predigt. Auf dem Höhepunkt der Debatte um die Missbrauchsfälle geht es um die Autorität der Heiligen Schrift – ein bedenkenswerter ökumenischer Akzent

2011 **Jörg Fuhrmann**, Vorstandsvorsitzender der Salzgitter AG und Vorsitzender des landessynodalen Finanz-Ausschusses, spricht über Wirtschaft und Unternehmer-Freiheit, von Verantwortung und ethischer Kompetenz

So mag der Domprediger seinen Dom: prall gefüllt mit tausend Zuhörern wie am Reformationstag 2010, als der katholische Hildesheimer Bischof Norbert Trelle predigte. Er war der erste Katholik auf der Kanzel seit 1546, der Reformation in Braunschweig. Adelog, einer von Trelles Vorgängern, hatte 1188 den Marienaltar im Dom geweiht.

2012 **Sebastian Ebel**, Präsident von Eintracht Braunschweig und regelmäßiger Gottesdienstbesucher im Dom, predigt sehr persönlich über seine Mutter, deren Familie und deren Zugehörigkeit zur Bekennenden Kirche und über Dietrich Bonhoeffer

2013 **Wolf-Michael Schmidt**, Präsident der IHK Braunschweig, spricht über die Medien und ihre öffentliche Verantwortung, über Meldungen und selbst gemachte Skandale, über persönliche Verantwortung nach den zehn Geboten

2014 **Otto Wachs**, Chef der Autostadt Wolfsburg, wird auf der Kanzel stehen

Dokumentation
Wer predigte beim POLITISCHEN BUSS- UND BETTAG?

1996 **Renate Schmidt, Vorsitzende der SPD Bayern** Sie trifft vor der Predigt im Amtszimmer erstmals ihre künftige Schwiegermutter und beginnt ihre Predigt mit dem Bekenntnis: Ich bin wieder in meine evangelische Kirche eingetreten

1997 **Heiner Geißler, Generalsekretär der CDU** Der Jesuitenschüler steht redegewandt und bildreich auf einer protestantischen Kanzel und fragt nachher, auf dem Weg zum Hotel: War ich gut?

1998 **Manfred Stolpe (SPD), Ministerpräsident Brandenburg** Er kommt mit dem Zug, der Domprediger holt ihn mit seinem grünen Golf ab. Stolpe: »Ich bin schon in kleineren Autos unterwegs gewesen.« Im Auto klingelt das Handy: Matthias Platzek kündigt seinen Rücktritt an. Stolpe: »Ich kann ihn nicht aufhalten« und predigt über das Gleichnis vom Weinstock

1999 **Gunda Röstel, Sprecherin Bündnis 90/Die Grünen** Die politisch Konservativen im Dom sind hinterher begeistert von der Predigt und sagen: »Leider ist die in der falschen Partei.« Spätabends geht sie mit dem Domprediger noch mal in den dunklen Dom, während der Kantor an der Orgel übt. Röstel fragt den Domprediger: »Singen Sie mit mir einen Choral?« Die beiden singen einen Abendchoral mit sachter Orgelbegleitung

2000 **Kurt Biedenkopf (CDU), Ministerpräsident Sachsen** Er trifft im Dom seinen Sohn mit Familie, kommt nur mit Spickzettel, ist nicht richtig vorbereitet und völlig perplex, dass fast 1000 Besucher auf ihn warten

2001 **Guido Westerwelle, Bundesvorsitzender der FDP** Er nimmt die falsche Autobahnabfahrt, kommt trotz Blaulicht 15 Minuten zu spät; der Propst und Domprediger überlegen sich schon die Alternativpredigt. Dann redet Westerwelle sehr fromm und gar nicht westerwelle-aggressiv

2002 **Günter Beckstein (CSU), Innenminister Bayerns** Erstmals schützen Hamburger Gitter den Dom, Gottesdienstbesucher müssen durch eine Einlassschleuse; Gegendemonstranten hält die Polizei in naher Ferne. Beckstein predigt löwenmäßig und wenig politisch und bekennt sich als Heinrich-der-Löwe-Fan

2003 **Wolfgang Kubicki, FDP-Chef in Schleswig-Holstein** Der gebürtige Braunschweiger punktet mit Heimvorteil und klarer Kante. Er bekennt sich zum Bußtag als gesellschaftlich wichtigem Feiertag

2004 **Norbert Blüm (CDU), Minister** Der Abschaffer des gesetzlichen Feiertagsschutzes ist endlich im Dom; durch seine Initiative der Abschaffung entstand des Dompredigers Idee des Politischen Buß- und Bettags. Blüm spricht über Jesus heute: Was würde er sagen und tun?

2005 **Rezzo Schlauch, Grüne in Baden-Württemberg** Der Pfarrerssohn aus dem Württembergischen spricht über Buße als persönliche Haltung mit politischer Auswirkung – und bekennt: Der Feiertag ist unverzichtbar

2006 **Henning Scherf (SPD), Bremer Bürgermeister** Eine eindrucksvolle Persönlichkeit – nicht nur wegen der Körpergröße und des hanseatischen Flairs; er predigt sehr charmant und bibelfest

2007 **Asfa-Wossen Asserate, Kaiserlicher Prinz von Äthiopien** Er predigt über Apostelgeschichte 8 »Der äthiopische Finanzminister, der seine Straße fröhlich zog«. Der Prinz ist ein wunderbarer Erzähler und Werber für ein besseres Afrika-Verständnis

Asfa-Wossen Asserate ist Großneffe des letzten Kaisers, Prinz von Äthiopien, Bestseller-Autor mit einem Buch über »Manieren«, Unternehmensberater und ein Freund des Dompredigers. Der Prinz aus dem Morgenland predigte 2007 und schenkte dem Dom ein wertvolles äthiopisches Prozessionskreuz.

Christine Lieberknecht, eingerahmt von Bischof Weber und dem Domprediger, ist Pfarrerin und Ministerpräsidentin in Thüringen. Als sie 2008 im Dom predigte, war sie Landtagspräsidentin in Erfurt.

2008 **Christine Lieberknecht (CDU), Landtagspräsidentin Thüringen** Sie sitzt mit dem Domprediger zusammen in der EKD-Synode, fühlt sich auf der Kanzel wohl, genießt die große Gemeinde und predigt mit gehörigem politischen Touch

2009 **Rainer Eppelmann (CDU)** Im Jubiläumsjahr des Mauerfalls predigt der letzte Verteidigungsminister der DDR und ehemalige Jugendpfarrer bewegend über die Bibel als biographisches Ereignis

2010 **Doris Schröder-Köpf (SPD)** Sie ist am Anfang einer politischen Karriere, predigt sehr klar und die soziale Frage focussierend. Bei der Vorbereitung im Gemeinderaum klingelt ihr Handy; ihr Mann fragt, wie es ihr ergeht – plötzlich gibt sie dem Domprediger das Handy. Gerhard Schröder fragt nach dem Lampenfieber und endet: Sie wird das schon machen

2011 **Generalbischof Anba Damian, Koptisch-Orthodoxe Kirche Ägyptens** Er kommt zwar zu spät, spricht aber eindringlich über die politische Lage, die brennenden Kirchen in seinem Heimatland und Buße als interreligiöse Aufgabe

2012 **Manuela Schwesig, Ministerin und stellvertretende SPD-Vorsitzende** Sie predigt über die persönliche Bedeutung biblischer Aussagen, ist glaubwürdig und pointiert gerade in Bezug auf Europa und Migranten

2013 **Armin Maus, BZ-Chefredakteur, und Henning Noske, Leiter Lokalredaktion Braunschweig, in einer Dialogpredigt als Zwischenbilanz nach so vielen öffentlichen politischen Bußpredigten** Sie predigen über den Fall Hoeneß und die Rolle öffentlicher Entschuldigungs-Versuche

12. Pilgerreisen in eine andere Welt

Des Dompredigers erste Studienreise führt nach Syrien, kurz nach dem Massaker an den Muslimbrüdern. Seine Reisen lassen eine andere Welt jenseits der Urlaubskatalog-Welt entdecken – mit der Unterschiedlichkeit von Menschen und Kulturen, die das Christentum nicht nur zulässt, sondern fördert. Auch der Domprediger lernt nicht nur die Wertschätzung anderer Kulturen: Den ersten großen Streit gibt es im Jemen mit einem Führer, der auf seiner Ehre bestand. Gleichwohl lernt der Domprediger in der Fremde, ohne Hochmut, die eigene Kultur schätzen, vor allem die Freiheit in Luthers Sinn.

In Riddagshausen ist die Idee der Studienreisen geboren worden – auf Nachdruck der Teilnehmer eines theologischen Gesprächskreises. Zuerst wollten Sie nicht fahren, dann sind es 72 Reisen geworden.
Ja, das Reisen in die Länder der Bibel ist meine Leidenschaft geworden. Gleich meine erste Reise, 1982, führte 16 Leute nach Jordanien und Syrien: Da hatte Assads Vater gerade die Muslimbrüder mit seinen Fallschirmjägern getötet – in den Moscheen. Wir waren die erste Reisegruppe, die nach der Niederschlagung die jordanisch-syrische Grenze überqueren durfte.

In Hama fuhren wir durch Bombenkrater, mussten die Gardinen im Bus schließen und durften nicht fotografieren. Das war kurz nach dem Massaker von Hama, bei dem viele Menschen durch Assads Armee ums Leben kamen. Es war einfach grausam, wie alles, das seitdem in Syrien geschieht – bis heute.

Wie organisieren Sie die Reisen?
Vor meinen ersten Reisen in nahezu unbekanntes Terrain musste ich mir alles selber erarbeiten: Es gab keine Reiseführer, noch kein Internet. Jedes Jahr kam eine neue Reise hinzu, später sind es auch zwei geworden, je nachdem wie viel Zeit ich eben hatte; ich habe zum Teil auch meinen Urlaub genommen. In Frankfurt habe ich die gute Agentur ECC-Studienreisen gefunden, mit der ich dann alles organisiert habe.

Ihre Reisen sind keine Urlaubsreisen, das sind Exkursionen in unsere Geschichte, in unsere Religion und zu uns selbst. Was waren die eigenen Impulse gewesen, die dazu geführt haben, solche Reisen, meist strapaziöse, zu organisieren?
Der eine Impuls hat sicherlich mit Äthiopien zu tun. Dort habe ich festgestellt: Es gibt jenseits der Urlaubskatalog-Welt noch eine andere Welt. Das ist eine Welt, die es nie schaffen würde, in Urlaubskataloge zu kommen. Es fehlen einfach die Grundvoraussetzungen: Es gibt keinen Strand. Keine guten Hotels. Keine asphaltierten Straßen. Schlechte Busse oder nur Jeeps oder Esel.

Na gut, heute ist vieles anders geworden, da stehen überall in den arabischen Ländern Fünf-Sterne-Hotels, die gab es vor dreißig Jahren längst nicht überall. Tourismus, Kulturtourismus, Studienfahrten – das alles war noch in den Kinderschuhen. Es war eine Mischung aus klassischer Entdeckerreise des 19. Jahrhunderts und der »Ich bin dann mal weg«-Idee: Wo fahren Sie hin: Jordanien, Jemen, gar Pakistan?

Der zweite Impuls folgt aus dieser Ur-Idee, die schon im Studium geboren war: Finde heraus, was das für eine Gegend ist, in der unsere Heiligen Schriften entstanden sind, »wo das Wort wirklich Mensch wurde« (Johannes-Ev. Kap. 1).

Ist das nicht die uralte Idee der Entdecker: Entweder findest du etwas Neues oder du entdeckst deine Wurzeln?
Es ist die alte Idee, die im vierten Jahrhundert die Heilige Helena anregte. Sie reiste als eine der ersten Pilgerinnen ins Heilige Land, um einmal den Boden zu berühren, auf den der Herr seine Füße gesetzt hat. Es ist diese alte Kernfrage: Was macht das mit dir, wenn du die biblischen Geschichten dort liest oder hörst oder interpretiert bekommst, wo sie entstanden sind? Was passiert mit dir?

Heute würde man fragen: Was ist die Originalversion, die Urfassung? Was bedeutet es, dass die biblischen Geschichten durch Paulus zu einer Weltgeschichte geworden sind? Was folgt daraus, dass sie in ganz unterschiedlichen Kulturen aufgenommen werden mussten? Selbstverständlich wissen wir heute um unsere jüdischen Wurzeln, aber das Christentum ist nicht zu uns gekommen, damit wir Juden werden. Da gibt es eine Spannung.

Wir fordern, dass in Lateinamerika, Afrika oder Südostasien das Evangelium in die jeweilige Kultur so eingebracht werden muss, dass die Leute nicht ihre Kultur aufgeben müssen. Also – kein Kolonialismus mehr wie noch vor Jahrzehnten: Wir bringen euch das preußisch-lutherische Christentum nach Deutsch-Ostafrika und nach Deutsch-Südwest. Oder wie es die Engländer auf der ganzen Welt taten oder die Katholiken in Amerika.

Muss eine weltumspannende Religion wie das Christentum nicht eine Sprache haben, eine Botschaft?
Nein, es gibt keine universale Sprache und auch keine Botschaft, die in allen Kulturen gleich verstanden wird. Glücklicherweise ist das Christentum eine Religion, die die Menschen zwar in gleicher Weise behandelt – eben weil sie gleich sind –, aber sie akzeptiert die Menschen in ihrer Unterschiedlichkeit. Um diese Unterschiedlichkeit erstens kennenzulernen und zweitens zu respektieren, reise ich mit den Braunschweigern in die Länder der Bibel. Das ist mehr als Israel und Palästina und Jordanien. Das umfasst den gesamten biblischen Horizont: Ägypten und Arabien, Persien und Äthiopien und viele Länder mehr.

Wir kamen zum Beispiel plötzlich nach Bahrain: Dort musste ich ehrlicherweise eingestehen, dass ich im Studium keine Ahnung davon hatte, dass es auf Bahrain fünf Bistümer gegeben hatte, dass es in der alten Kultur einen Austausch zwischen Mesopotamien, wo Abrahams Sippe herkommt, und der Induskultur gab.

Ich habe begriffen, warum uns Afghanistan nicht loslässt (obwohl das besser für uns wäre): Alexander der Große schon brachte das Griechentum bis an den Hindukusch – die Hellenisierung des Orients ist ein spannendes Thema –, und wir transportieren heute da unsere Waffen hin. Alexanders Kultur-Transfer führte dazu, dass Buddha das erste Mal überhaupt als Figur dargestellt wurde. Die Figuren haben hellenistische Künstler gearbeitet, wie in Nordpakistan gesehen. Da stehen wir mit staunenden Augen davor und denken: »Die sehen aber ziemlich griechisch aus, die ersten Buddha-Figuren.« Bilder von Buddha hatte es vor Alexander nicht gegeben. So entdecken wir, wie sich Orient und Okzident beeinflussten. Eigentlich müssten wir immer weiter nach Osten reisen: Den Menschen, die wir für uns im Orient entdecken, ist ihr Orient weiter gen Osten, immer weiter.

So entdecken wir die Welt zwar mit unseren Augen, aber wir entdecken auch den Blick der Menschen, die dort wohnen – auch ihren Blick auf uns.

Wir sind im Abendland von unserem Fortschritt überzeugt. Dafür gibt es auch einige gute Gründe: die Achtung der Menschenrechte, die Würde des Individuums, das Soziale in der Wirtschaft. Was bleibt von diesem Fortschritt, wenn wir in Länder reisen, die wir als rückschrittlich ansehen?
Auf diesen Reisen lernst du Demut und Achtung vor Leistungen, die uns völlig unbekannt sind. Heute meint Globalisierung, vor allem in der nordamerikanischen Variante: Coca Cola und McDonald. Früher meinte Globalisierung: Wir

stehen miteinander im Kontakt, tauschen Ansichten und Waren aus und profitieren voneinander.

Nun sind Großmächte nie zimperlich mit Untermächten umgegangen: Das Alte Testament ist voll davon. Die USA verhalten sich nicht anders, aber lernen mittlerweile, auch andere Kulturen zu respektieren.
Das beginnt im eigenen Land. Die US-Amerikaner müssen in einem langsamen und mühsamen Prozess lernen: Die Latinos bleiben Latinos und sind trotzdem Amerikaner, US-Bürger. Das ist etwas anderes, als wenn sie von allen, die in den USA leben, erwarten, Nordamerikaner zu werden nach irisch-katholischer Kultur oder auch deutscher, eben der Kultur der Einwanderer. Die Nordamerikaner finden gerade heraus, wie skurril vieles in die falsche Richtung gelaufen ist – bei allem Eifer in Geschichte und Gegenwart.

Sie mögen Amerika nicht?
Dort findet man all unsere europäischen Fehleinschätzungen, Überheblichkeiten und Begrenztheit noch konzentrierter. Wie das schon anfing: Da will der Kolumbus nach Indien segeln, trifft aber Amerika, alles jubelt, er nennt die Menschen dort »Indianer« – und die westindischen Inseln sind plötzlich nicht etwa bei Indien, sondern liegen vor der östlichen Küste Mittelamerikas.

Sie treffen auf Ihren Reisen nicht nur viele Kulturen, sondern auch viele Menschen mit eigenen Vorlieben, Mentalitäten, Eigenheiten und ihrem eigenen Stolz. Geht das immer gut? Oder muss auch ein Domprediger manchmal schlucken?
Ich hatte mir auf meinen Studienreisen die mediterrane Mentalität angeeignet, ich mag dies Levantinische, dies Leichte. Die Araber sind stolze Menschen, aber sie waren immer von irgendwem beherrscht, untereinander zerstritten. Sie haben zwar Stolz, aber sie kommen nicht auf die Idee, den einzufordern.

Aber wenn du eine Studienfahrt nach Reiseplan voranbringen willst, musst du auch mal auf den Tisch hauen, sonst kommst du endlos in Verzug. Fahren Sie mal nach Ägypten: Die sagen immer »später« oder »nachher« oder »vielleicht«. Wenn du ein begrenztes Zeitkontingent hast, ist das der Tod im Topf. Wenn du verabredest bist, eine Stunde warten musst, weil irgendwas nicht organisiert ist, dann kannst du die Studienfahrt vergessen.

1988 kam ich das erste Mal in den Jemen. Ich hatte den Umgang mit den Arabern, die Leichtigkeit, so inhaliert, dass ich in eine extrem schwierige Situation kann, die ich nie vergessen werde: Mit dem jemenitischen Führer gab es eine Auseinandersetzung: Wer entscheidet, was die Gruppe zu machen hat? Wir haben uns auf der Straße in die Wolle gekriegt: Er sagte: Ich bin für euch verantwortlich – und was ich sage, muss gemacht werden! Ich sagte: Nichts da, verantwortlich für diese Gruppe bin ich; ich habe sie hierher gebracht, ich bringe sie auch wieder heil nach Hause!

Da passierte etwas Ungewöhnliches: Der Führer war sauer, weil er sich in seiner Ehre gekränkt fühlte. Ich war sauer, weil der nicht so reagierte, wie ich das gewohnt war, und klein beigab. Die Gruppe war völlig desorientiert, weil sie nicht mehr wusste, auf wen sie hören sollte.

Ein stolzer jemenitischer Führer und ein stolzer Braunschweiger Domprediger geraten aneinander: In Arabien wäre das ein Grund für eine Fehde.
Genau das wollte ich vermeiden, zumal er eine Pistole an der Hose trug. Die haben sie in der Umbruchphase mit dem Südjemen auch durchaus mal gezogen. Ich habe zu ihm gesagt: Komm, wir gehen mal zur Seite! Seine Augen funkelten so richtig, und er hat versucht, mir seine Einstellung zu erklären: »Du musst wissen, wie unsere Tradition ist: Wer als Ausländer unser Gast ist, für den stehen wir ein wie für die eigene Familie. Ich stehe dafür gerade, dass euch nichts passiert – mit meiner ganzen Ehre vor meiner Familie, vor der Sippe, vor dem Reisebüro. Und das kann ich nur, wenn ich hier den Ton angebe.«

Das verstehe ich, antwortete ich ihm. »Es gibt nur die Chance, dass wir uns abstimmen, bevor wir der Gruppe etwas sagen – entweder bin ich dein Lautsprecher und verkünde, was du entschieden hat; oder du tust das, weil du es mit mir abgestimmt hast.« Das war ein heftiger Lernprozess für mich: Mentalitäten können sehr unterschiedlich sein und Null-acht-fünfzehn-Regeln gibt es nicht – bloß weil man eine Erfahrung gemacht hat, muss sie beim nächsten Mal nicht auch so eintreffen.

Haben Sie denn mal in Arabien erlebt, dass einer die Pistole gezogen hat?
Im Südjemen, ich glaube das war 1990 kurz nach der Vereinigung von Nord- und Süd-Jemen: Es gab eine Auseinandersetzung mit einer anderen Gruppe aus Deutschland; die hatten dieselben Hotelzimmer gebucht wie wir. Ein Münchner Professor leitete die Gruppe, ich hatte »nur« den Braunschweiger Oberstadtdirektor dabei. Die beiden Führer haben sich in die Wolle gekriegt, der nordjemenitische und der südjemenitische Führer. Unser hat die Pistole gezogen: »Jetzt haben wir hier das Sagen.«

»Ich brauche kein Power-Point, mir reicht eine Landkarte – und ich fange an zu erzählen«, sagt der Domprediger und zeigt auf Troja. So kennen ihn die 1.500 Teilnehmer – von den Vorbereitungsabenden seiner mehr als 70 Pilgerreisen.

Wie ist das ausgegangen?

Der Südjemenit hat den Rückzieher gemacht: Wir sind in das Hotel gezogen, die Bayern mussten in das Zeltlager irgendeines Bau-Camps. Der Professor war stinkesauer: »Ich werde mich über Sie beschweren.« Unser Oberstadtdirektor antwortete nur kurz: »Wollen Sie mir freundlicherweise Ihre Adresse sagen. Ich werde mich mit Ihnen in Verbindung setzen.«

Wie reagieren die Menschen, die mit Ihnen reisen und die von den meisten Orten selten vorher etwas gehört haben?

Zuerst einmal lernen sich ganz unterschiedliche Leute aus unterschiedlichen sozialen Milieus kennen: So fern von Heimat und üblichem Wohlstand, etwa in Wüstenzelten ohne Wasserspülung, müssen Menschen miteinander auskommen, die sich in Braunschweig nie begegnet wären. Da trifft der Professor der Technischen Universität auf die Chefin einer Reinigungsfiliale – und die finden sich sogar sympathisch und stellen fest, dass sie nur drei Straßen voneinander entfernt wohnen. Die Mitreisenden sind für zwei oder mehr Wochen von morgens bis abends zusammen und unterhalten sich plötzlich mit Leuten, mit denen sie sich sonst das ganze Leben nicht unterhalten würden. Diese Durchlässigkeit hat eine geistige Offenheit befördert – auch um einen Hempel vom Sonnenauf- bis zum Sonnenuntergang zu ertragen.

Ich bin noch so einer vom alten Schlag. Ich brauche auch in der Bibelschule keine Power-Point-Präsentationen. Mir reicht eine Landkarte: Wenn du mir die hinhängst, kann ich dir eine halbe Stunde etwas erzählen über irgendeine Ecke dieser Welt. Das ist eine Gabe, das weiß ich. Für manche ist das eine schwere Herausforderung: Sie setzen sich wirklich einem aus, der ständig etwas in sie reinpumpt. Die Reaktionen sind unterschiedlich: Einige haben Schlüsselerlebnisse, sie sehen plötzlich Bilder, die sie in Verbindung bringen mit eigenen Erlebnissen und Erfahrungen, sie entdecken Dinge, die ihnen verborgen geblieben sind – weil sie aufgehört hatten, sich mit existentiellen Fragen zu beschäftigen. Andere werden wieder neugierig, und zwar jenseits dessen, was ihnen das Fernsehen abends bringt, sie fangen wieder an, sich selber auf die Suche zu machen. Wieder andere bringen mir Zeitungsartikel, die sie gefunden haben zu unseren Themen. Alle sagen: Ich gucke jetzt ganz anders auf die Welt, bin wieder hungrig geworden. Die Fahrten sind eben mehr als Fotoshooting und ein bisschen Exotik.

Die Herrnhuter, Luthers Jünger mit Sendungsbewusstsein, sind früher durch die Welt gezogen bis nach Grönland, nette fromme, vor allem fromme Leute. Stets hatten sie eine Losung auf den Lippen, die heute sogar – wie die Lottozahlen – gezogen werden.

Die Losungen brauchst du nicht auf meinen Reisen, nicht unbedingt. Du musst die Geschichten hören, die treffen dich viel existentieller als jeder ausgeloste Spruch. Statt uns mit Losungen zu immunisieren, statt sie bei laufendem Busmotor zu lesen, nur weil das sein muss, stellen wir fest, auf wie unterschiedliche Art und Weise Menschen ihren Glauben leben können. Darum geht es auf meinen Reisen. Das Hörerlebnis von Psalm 23 zum Beispiel in einer Oase geht tief.

Psalm 23: »Der Herr ist mein Hirte, mir wird nichts mangeln. Er führt mich zum frischen Wasser.« Und das mitten in der Wüste! – Haben die Reisen auch Ihr Bild von Religion verändert?

Es hat die eigene Art einerseits relativiert, andererseits auch bestätigt: Meine eigene Art darf nicht dazu dienen, andere zu verpflichten, es genau so zu machen, wie ich es mache. Aber meine Art darf sein, wie die Art der anderen auch; einander ergänzen – darum geht es.

Also sind Ihre Reisen keine Missionsreisen?
Sie sind kein Missionieren in dem Sinne: Du musst das so machen, wie ich das hier für richtig halte. Aber Missionieren in dem Sinne: Die Texte der Bibel sind es wert, auch Menschen im 20. und 21. Jahrhundert zu treffen.

Es gibt nicht wenige in Deutschland, die fordern: Wir müssen andere Kulturen – und damit auch Religionen – nicht nur respektieren, sondern auch in unsere Kultur integrieren.
Wertschätzung halte ich für entscheidend – und die Werte siehst du erst, wenn du die Kulturen dort erlebst, wo die Menschen sie leben. Wer fremde Kulturen verstehen will, muss die Länder kennenlernen, die Geschichte und ihre Geschichten. Dann schau einfach, was die Begegnungen mit dir machen.

Was haben die fremden Kulturen mit Ihnen gemacht?
Ich habe gelernt, froh zu sein, Christ zu sein – bei aller Wertschätzung für Juden und Muslime und all das, was bei den anderen Religionen zu erfahren ist.

Also gibt es entscheidende Differenzen, etwa zum Judentum und zum Islam?
Ich schätze den höchsten Wert unserer Kultur: diese Wertschätzung des Individuums – auch wenn ich die Gefahr sehe, dass diese Entscheidungsfreiheit und die Freiheit des eigenen Denkens missbraucht werden kann; aber diese Freiheit ist eine ganz große Errungenschaft.

Unterscheidet diese Freiheit uns von anderen Religionen?
Ja, ich lebe diese lutherische Freiheit; ich zwinge niemanden in die Knie, damit er als Sünder niederfällt; nein, es geht um deine eigene Existenz im Angesicht und in der Verantwortung vor Gott. Diese Freiheit möchte ich nicht missen.

Aus dieser Freiheit heraus hat Luther eine eigene Kirche gegründet – mit einer eigenen Kultur, die sich in ihrer Entwicklung von der römischen entfernte.
Luther wäre selber nicht auf die Idee gekommen, eine neue Kirche zu gründen. Seine Idee war: Ich schätze die Werte der Kirche, aber ich muss das Gerümpel rauswerfen, das sich im Laufe der Jahrhunderte angesammelt hat. Das würde ich für mich auch so sehen. Aber auch in Luthers Kirche, wie sie gewachsen ist – ob er es wollte oder nicht –, auch in Luthers Kirche ist mittlerweile reichlich Gerümpel, viel zu viel Gerümpel; aber deshalb reise ich auch, um zu den Ursprüngen

zurückzukehren, zu den Ursprüngen der Kirchen in Armenien, in Äthiopien, in Jerusalem und Wer-weiß-wo.

Sie sind ein Pionier der Studienreisen in die Länder der Bibel, zumindest für Reisen in den Orient. Mittlerweile sind Studienreisen richtig modern geworden, ein regelrechter Markt ist entstanden.

Das sagte auch der TUI-Chef, als wir im Dom die niedersächsische Aktion »Wege in die Romanik« eröffnet haben. »Studienreisen oder Wege in die Romanik von heute – die sind wie die Pilgerreisen des Mittelalters.« Das ist eine bemerkenswerte Wendung. Vor vierzig Jahren habe ich zum Teil in Besenkammern gewohnt, weil es nicht genug Hotelzimmer gab. Bei den Sudanreisen musstest du jeden Abend im Dunkeln das eigene Zelt aufbauen und dir in der Botanik eine Toilette suchen. Nicht immer wusstest du, wo du warst: Einmal hatten wir am Abgrund einer großen Düne gezeltet. Heute muss ich soviel Exotik nicht unbedingt mehr haben, aber die Erlebnisse bleiben überwältigend.

Der Domprediger steht auf Gräbern auf der arabischen Insel Bahrain – direkt an einer breiten Autostraße. Die Quellen von Bahrain waren für Jahrhunderte das Tor zur Unsterblichkeit. Es musste wie ein Wunder erscheinen, dass im salzigen Meer, unweit der größten Wüste, unaufhörlich süßes Wasser fließt. So reisten vor viertausend Jahren die Wohlhabenden zum Sterben auf diese Insel, auf der es mehr Gräber als Häuser gab. Immerhin wusste man, wann es Zeit war, in Würde und Ruhe zu sterben, und man sich auf den Weg zu machen hatte – bei klarem Bewusstsein, es gehe ja weiter.

Dokumentation
Die Reisen des Dompredigers mit seiner Gemeinde

Über 70 Reisen organisierte der Domprediger in die Länder der Bibel, beginnend 1982 mit einer Reise nach Jordanien und Syrien. Etwa 1.500 Mitglieder seiner Domgemeinde begleiteten ihn.

Dies sind die 40 Länder, die er besuchte (wobei eine Reise meist in mehrere Länder führte):

1. Jordanien	12 Besuche
2. Ägypten	11
3. Äthiopien	11
4. Jemen	8
5. Israel/Palästina	7
6. Oman	6
7. Syrien	5
8. Armenien	4
9. Arab. Emirate	4
10. Zypern	3
11. Libanon	3
12. Bahrain	3
13. Türkei	2
14. Spanien	2
15. Georgien	2

Jeweils eine Reise:
Libyen, Tunesien, Sudan, Portugal, Pakistan, Baltikum, Polen, Tansania, Kenia, Mali, Kuwait, Aserbeidschan, Mosambik, Südafrika, Swasiland, Kroatien, Bosnien-Herzegowina, Montenegro, Albanien, Mazedonien, Eritrea, Usbestikan, Turkmenistan, Iran, Dschibuti

13. Muslime, Israel und der Holocaust

Am Anfang steht der Respekt vor den Muslimen, am Ende – in unbestimmter Zeit – vielleicht das theologische Gespräch über Aufklärung und Religion. Der Domprediger wendet sich gegen jede Form des Fundamentalismus, den er auch in christlichen Kirchen und im Judentum beobachtet. Aus dem Holocaust folgt eine moralische Verpflichtung der Deutschen, der wir nicht entweichen können. Dennoch dürfen wir Israel kritisieren, besonders wegen der Siedlungspolitik in Palästina.

Muslime leben unter uns, sie wollen bleiben, und sie glauben an einen Gott. Aber sie leben in einer Kultur, die unserer weitgehend fremd ist. Wie sollen wir mit ihnen umgehen?
Zuerst müssen wir ein Klima guter Nachbarschaft schaffen, das ist die Voraussetzung für alles. Erst in einem Klima, geprägt von Respekt, Achtung, aber auch Behutsamkeit, können wir beginnen, über Probleme zu reden. Man kann keine gute Nachbarschaft herstellen über das Problematisieren von Problemen. Keiner fängt gleich Streit mit einem Nachbarn an, wenn die Zweige eines Baums über der Mauer hängen! Haben wir ein gutes Verhältnis zum Nachbarn, dann gehen wir mit dem Problem ganz anders um.

Deutschland hat lange gehandelt, als wäre es kein Einwanderungsland. Mittlerweile leben allerdings gut drei Millionen Menschen bei uns, die ihre familiären oder religiösen Wurzeln in der Türkei haben.
Wir haben nichts unternommen bei der Kontrolle der Menschen, die zu uns kommen. Wir haben sie alle aufgenommen, jetzt sind sie hier. Warum kommen ausgerechnet die Leute aus Anatolien nach Deutschland und nicht die aufgeklärten Türken aus Istanbul? Die würden doch viel besser in unser aufgeklärtes Land passen. Warum müssen vier Millionen meist aus armen Verhältnissen hier bei uns leben? Das sind doch Fragen, die wir stellen dürfen.

Ich fahre oft nach England in unsere Partnergemeinde Blackburn. Die Briten haben auch für alle in ihrem großen Commonwealth Pässe ausgestellt. Rund um die Kathedrale wohnen pakistanische Muslime. Jeder Christ, der da am Sonntag in die Kathedrale geht, sieht 300 Meter rund um die Kathedrale nur Muslime. Die

Pfarrer dieser Kathedrale können gar keine City-Kirchenarbeit machen, wie wir das in Braunschweig machen. In Blackburn kommen gar kaum Kirchenbesucher alltags mehr vorbei. Die Stadtviertel ringsherum sind von muslimischen Einwanderern bewohnt.

Nun ist der Braunschweiger Dom nicht umgeben von Muslimen.
Das ist richtig. Für uns gilt das Grundgesetz als Basis des gesellschaftlichen Zusammenlebens.

Warum betonen Sie das?
Bei allem freundlichen Entgegenkommen: So tolerant gehen im Orient die Muslime nicht mit den Christen um!

Wollen wir die Intoleranz bis hin zur Christenverfolgung im Orient als Maßstab nehmen?
Natürlich nicht. Wir gehen hier mit den Muslimen um, wie es unserer Kultur entspricht – also wie mit guten Nachbarn. Aber das ist neu für uns: ein gutes

Regelmäßig geht der Domprediger zum Fastenbrechen am festlichen Ende des Ramadan in die Moschee.

Verhältnis zu Minderheiten zu entwickeln. Da schauen wir auf keine vorbildliche Geschichte zurück: Wir haben Minderheiten in Gettos gesteckt, wir haben Minderheiten in Konzentrationslager deportiert, wir haben Minderheiten umgebracht bis hin zum Völkermord; wir haben gesagt: Hier leben nur Deutsche, und wer als Deutscher gilt, bestimmen wir.

Wir tun uns schwer mit unserer eigenen Geschichte, weil unsere eigene Kultur – von der wir immer schwärmen: »Das ist unsere Leitkultur« – weil unsere eigene Kultur immer schwächer wird, weil wir sie selber nicht mehr leben. Das ist unser Problem.

Wir haben zudem eine neue gesellschaftliche Diskussion nach dem 11. September, dem Terrorangriff auf New York: Wie sollen wir mit dem Terrorismus umgehen? Darauf waren wir einfach nicht vorbereitet und sind nach wie vor von viel Hilflosigkeit umgeben, siehe nur den Umgang mit der NSA-Affäre und der Terrorbekämpfung.

Bleiben wir in Braunschweig: Wie gut ist die Nachbarschaft zu den Muslimen?
Ich wünschte mir viel mehr Nachbarschaft, das sage ich auch zu meinen Kollegen: Leute, schafft Kontakte! Warum ich in Braunschweig bis heute fast der einzige bin, ist merkwürdig. Deswegen werde ich von den Muslimen immer wieder gewürdigt und geehrt. Aber weder gibt es eine Signalwirkung noch eine richtige Breitenwirkung. In Salzgitter, wo viele Muslime leben, hat mir ein Pastor gesagt: »Das ist nicht unser Problem.«

Wollen Sie die Muslime in Deutschland missionieren?
Das ist auf der ganzen Welt gescheitert. Es gibt einzelne, die Christen werden, aber da gibt es keine Bewegung, im Gegenteil: Es gibt eine umgekehrte Bewegung, weil die Muslime mit viel mehr Nachdruck arbeiten und bisweilen auch mit Gewalt.

Der lutherische Theologe Hempel – aufgeklärt, liberal, tolerant – spricht mit Muslimen, die mit seiner Theologie nichts anfangen können, die noch in voraufgeklärter Zeit leben – Lichtjahre von uns entfernt.
Dieser Hempel ist ja nicht so blauäugig, dass er das Problem erstmalig lokalisiert. Solche Entwicklungen gibt es auch innerhalb der christlichen Kirche. Da braucht man nur an die amerikanischen Fundamentalisten oder an die Pfingstgemeinden in Südamerika zu denken. Fundamentalismus ist ein menschliches Phänomen.

Was ist an Fundamentalismus menschlich?
Menschen wittern oft in Veränderungen große Gefahren und sehen keine Chancen. Sie erkennen nicht: Das Leben ist eine nach vorne offene Geschichte und geht nicht rückwärts. Das gilt nicht nur für den Einzelnen, sondern auch für Gesellschaften. Insofern steht Gesellschaftsmodellen wie den islamischen eine Entwicklung noch bevor. Die kann man mit Gutwilligen befördern; ich würde sie bei Resistenten nicht einfordern wollen.

Es ist nicht so, dass wir in unserer Kirche solche Diskussionen nicht geführt haben: Zerstört die theologische Wissenschaft nicht den Glauben der Menschen? Nein, davon bin ich überzeugt: »Glauben *und* Verstehen« ist das Thema. Das sind keine Gegensätze, sondern das ist das alte Programm des Neutestamentlers Rudolf Bultmann. Der Mensch ist das einzige Geschöpf, das überhaupt glauben kann. Wenn er davon keinen Gebrauch macht, lebt er unter seinen Möglichkeiten.

Wie wollen Sie Muslime von Ihrem Verständnis von Glauben, von der aufgeklärten Form der Frömmigkeit überzeugen?
Das geht nur behutsam, das geht nur vertrauensvoll. Irgendwann wird es möglich sein, mit Muslimen über solche Fragen zu reden. Der wissenschaftliche Dialog mit dem Islam funktioniert nicht, weil wir auf vielen Ebenen überhaupt gar keine adäquaten Gesprächspartner haben.

Ehrlicherweise müssen wir auch sagen, dass selbst der christlich-jüdische Dialog an dieser Stelle an seine Grenzen gerät. Das Judentum gerade in seiner politischen Variante ist in gar keiner Weise bereit, historisch-kritisch die eigene Geschichte, auch religiös, noch mal aufzuarbeiten. Das ist ein großes Thema in Israel heutzutage. Was ist Israel eigentlich, wenn es seine theokratische Rechtfertigung verliert? Also als säkularisiertes Judentum ist der Staat Israel nicht zukunftsfähig, das muss ich deutlich sagen.

Kommen wir zu Israel, dem Land, das von Muslimen in der Tat umzingelt ist – meist nicht so freundlich gesinnt wie in Blackburn. Sie haben ein großes Verständnis für die Palästinenser? Warum?
Ich habe mich seit Studientagen mit Christen und Juden beschäftigt. Ich habe mich, auch durch meine Beschäftigung mit Bonhoeffer, immer wieder mit dem Holocaust auseinandergesetzt, mit unserer Verantwortung, unserer eigenen Geschichte. Ich habe in Braunschweig auch ein sehr gutes Verhältnis zum Rabbi.

Das ist sozusagen die eine Ebene: Wir haben die deutsche Geschichte und daraus abgeleitet unsere Verantwortung, die wir nicht einfach abstreifen können.

Wir können kein entspanntes Verhältnis zu den Juden und zu Israel finden. Das bestätigen mir immer wieder Christen aus anderen Ländern, deren Verhältnis zum Judentum entspannter ist: »Wir haben nicht die Geschichte, die ihr habt«, sagen sie. Sie sagen auch: Aber ihr könnt von uns nicht erwarten, dass wir uns eure Geschichte zu eigen machen, um unser Verhältnis zum Judentum oder zum Staat Israel zu beschreiben.

Das bedeutet für uns im Verhältnis zu Israel: Wir können unserer Geschichte nicht entkommen?
Unsere Geschichte ist der Holocaust. Wir müssen sie tragen. Wir müssen sie einfach tragen. Das ist eine moralisch-ethische Verpflichtung, die geht weit über Staatsräson hinaus. Das gehört in der Zwischenzeit sozusagen zu unserer Muttermilch. Die wird unterschiedlich verdaut, die wird auch unterschiedlich aufgenommen, aber aus dieser Geschichte kommen wir nicht heraus. Das ist ein Teil unserer Identität.

Sprechen Sie auch über die deutsche Staatsräson, wenn Sie sich mit Palästinensern treffen?
Das vertrete ich auch in den Gesprächen mit den Palästinensern. Das Thema mit den Palästinensern hat aber noch eine andere Variante: In Palästina leben sehr viele Christen, palästinensische Araber, die Christen sind wie wir. In Gesprächen mit ihnen habe ich gelernt: Es ist schwer für sie, mit den Juden über biblische Fragen zu sprechen – weil es immer wieder bestimmt wird von der Holocaust-Debatte. Erst ganz kürzlich hat Palästinenser-Präsident Mahmud Abbas den »Holocaust« als größtes Verbrechen bezeichnet.

Israel lebt mit seinen aus Europa stammenden Menschen natürlich aus diesem Holocaust heraus. Aber mittlerweile stammt ein großer Teil der israelischen Bevölkerung nicht mehr aus Europa, sondern aus der alten Sowjetunion, aus arabischen Ländern, Frankreich oder Amerika. Denen fehlt zum großen Teil die Erfahrung mit dem Holocaust. Das führt zu fast revolutionären Prozessen innerhalb der israelischen Gesellschaft. Die politische Frage ist für mich: Wie können zwei Völker in einer Region auf einem relativ kleinen Stück fruchtbaren Landes existieren? Das ginge nur nach Schweizer Kantonsmodell.

Für drei Länder ist gar kein Platz. Schon diese Trennung zwischen Libanon und Syrien ist ein Unding, dieses ganze koloniale Erbe, das die Engländer und Franzosen hinterlassen haben. Durch den Holocaust ist die Lösung in der Region so erschwert worden, dass sie fast unmöglich geworden ist. Deswegen hat Israel, so wie es heute ist, natürlich sein Existenzrecht, wobei die Entwicklung innerhalb von Israel schon eine große Herausforderung ist.

Was sind die Herausforderungen in Israel?

Jüdische Theologen sagen: Wir sind überhaupt nicht fähig, einen Staat zu gründen und zu betreiben. Wenn wir die Geschichte des jüdischen Volks betrachten, war da auch nicht viel Staat außer Salomo und David in alten Zeiten. Danach gab es nur mehr kleinkariertes regionales Hin- und Hergeschiebe, unterschiedliche Strömungen in diesem Volk, die wir schon aus biblischen Zeiten kennen, die in den zwölf Stämmen ihre Wurzeln haben können.

Es gibt bis heute keine Autorität in Israel, die in der Lage wäre, für die Gesamtheit zu sprechen. Ich habe den Bürgermeister von KiryatT'ivon, unserer Partnerstadt nahe Haifa, kennengelernt. Ich fragte ihn: »Warum sitzen Sie eigentlich nicht in der Knesset?« Er antwortete: »Kennen Sie das politische System in Israel?«

Der Domprediger lädt seine Nachbarn 2007 zum Ökumenischen Gottesdienst in die Burgplatz-Arena. Zur bunten Truppe zählten die Armenisch-Orthodoxen, hier heftig das Weihrauch-Fass schwingend, die Griechisch-Orthodoxen, die Römisch-Katholischen und ganz in Schwarz die Reformierten.

Diese Sicht auf Israel ist eine fast harmonische. Dabei spricht der Domprediger stets hart gegen die jüdischen Siedlungen in Palästina.

Dabei bleibe ich auch: Israel besetzt gegen alle UN-Beschlüsse seit über 40 Jahren Land und nimmt den Palästinensern die Möglichkeit einer eigenen Entwicklung. Es gilt immer noch Militärrecht in Palästina. Das eröffnet auf Dauer keine Lösung. Die Bedingungen für ein gutes Nebeneinander waren schon einmal wesentlich besser. Weil sie nicht genutzt worden sind, ist alles schlechter geworden.

14. Das drohende Ende der Kirchen und der Staat

Wenn die Kirchen keine Volkskirchen mehr sein sollten, droht Gefahr für die Gesellschaft: Dann übernehmen der Staat, Oligarchen oder Sekten die Stelle der Kirchen. Drei Gründe nennt der Domprediger, warum die Religion in den Ländern der Ex-DDR nach der Diktatur nicht mehr auf die Beine kommt.

Sind die Volkskirchen bald am Ende?
Wir kommen aus einer Zeit, in der alle Leute irgendwie zu einer christlichen Kirche gehört haben – entweder katholisch oder evangelisch. Das war ein Relikt feudaler Zeiten, in denen oben entschieden wurde, was unten zu machen, zu glauben war. Religion war ein Herrschaftsinstrument politischer Mächte. In einer freiheitlichen Gesellschaft müssen wir davon ausgehen, dass sich die unterschiedlichen Anschauungen viel weiter differenzieren. Ich rede auch von den Patchwork-Religiösen, die mal nach Thailand fahren oder nach Nepal; andere pilgern oder fasten.

Wir sind aber immer noch Volkskirche, wir sind immer noch eine wahrnehmbare Größe in diesem Volk und in diesem Land: Also Pastoren rein in die Gesellschaft! Bitte in der Kirche keine Menschenscheu pflegen! Wir haben nicht die Aufgabe, uns auf uns selbst zurückzuziehen. Wir haben immer noch den Auftrag: Gehet hin in alle Welt! Und »alle Welt« endet nicht an der Grenze meines Pfarrbezirks.

Ich brauche glücklicherweise keine missionarische Erfolgsquote einzufahren. Das wäre ja ein Hammer: Die Kirchenleitung entscheidet, wenn du im Jahr deine Austritte nicht durch Wiedereintritte wettmachst, kriegst du tausend Euro gestrichen. Solche Überlegungen gab es auch schon, so eine Art Erfolgsprämie.

Sie sprechen von einer starken Position der Kirche in der Gesellschaft – aber Sie setzen das Wort »noch« hinzu. Was geschieht mit unserer Gesellschaft, wenn die Kirchen keine starke Position mehr besetzen?
Dann droht Gefahr! Und die Gefahr ist wahrscheinlich schon näher, als wir denken. Wer soll dann den Platz einnehmen, den die Kirchen noch einnehmen? Wir

sehen heute schon im Sozialen: Wenn wir alles privatisieren, also Diakoniestationen und Sozialstationen, dann geht es plötzlich nur noch um Geld, um Gewinne. Die Menschen bleiben auf der Strecke.

Ich frage in solchen Diskussionen: »Wenn Sie den Einfluss der Kirchen für zu groß halten, dann sagen Sie mir bitte: Wer soll an die Stelle treten?« Das wäre der Staat – wer denn sonst, es sei denn, irgendwelche Magnaten, Oligarchen, Sekten. Ob die wirklich die bessere Alternative sind, wage ich zu bezweifeln. Insofern bin ich gelassen, es ficht mich in meiner Glaubenswelt nicht wirklich an.

Wenn es um den Glauben geht, um Fragen, an was man unbedingt glauben muss, etwa an so Schwieriges wie die Auferstehung, dann antwortet der sonst so vernünftige Domprediger gerne: Ich habe mir einen kindlichen Glauben bewahrt in allen Zeiten.

Dann erzähle ich ebenso gerne und in letzter Zeit immer öfter eine grandiose Geschichte von Friedrich dem Großen: In Brandenburg beschwerte sich ein Kirchenvorstand: »Der Pastor glaubt nicht mehr an die Auferstehung von den Toten, der Pastor muss weg!« Friedrich der Große schrieb zurück: »Der Pastor bleibt! Wenn er am Jüngsten Tag nicht mit aufstehen will, soll er eben liegen bleiben.« Ist das nicht eine schöne Geschichte?

Die Zerstörung der Religion und die Ressentiments gegenüber den Kirchen dürfte der einzige Erfolg der Kommunisten in der DDR sein, der nachhaltig ist. In Polen beispielsweise ist es den Kommunisten nicht gelungen, den Menschen die Religion auszutreiben. Warum gelang das im protestantischen deutschen Osten?

Mir fallen drei Erklärungen ein: Erstens ist die mangelnde Akzeptanz der Religion nicht nur ein sozialistisches Phänomen, wir finden es auch in den Niederlanden und in den skandinavischen Ländern, wenn auch nicht so stark. Die gibt es auch in England: Nicht einmal ein Drittel der Engländer ist Mitglied der Staatskirche, der »Church of England«.

Zweitens müssen wir uns in Deutschland die historischen Wurzeln anschauen: Die Nazis waren atheistisch und begannen brutal die Zerstörung der Religion. Nach der Nazizeit ging es in der DDR atheistisch noch mal eine Runde weiter und sogar tiefgründiger. Die DDR war zwar militant, aber – anders als Hitler – nicht mit Kriegsvorbereitungen beschäftigt: Die konnte auf den klassischen Marxismus-Leninismus setzen und intensiv versuchen, eine andere Generation und eine andere Gesellschaft zu schaffen. Dabei hat die DDR, wie jede neue Religion, Elemente der alten übernommen – etwa all die schönen Honecker-Bilder, die sie

Der Domprediger ist oft zu Besuch in Braunschweigs Partnerstadt Bath, im Westen Englands gelegen und zum Welterbe zählend. Im April 1942 zerstörte die deutsche Luftwaffe große Teile der Stadt. Anläßlich der 500-Jahr-Feier der Kathedrale traf der Domprediger auch Prinz Charles. Der fragte ihn: »Wie lange brauchen Sie, um eine Predigt vorzubereiten?«

wie in einer Prozession rumgetragen haben; sie wurden allerdings von den Ostdeutschen nicht als säkularisierte Ikonen verstanden, aber sie waren es.

Drittens waren Protestanten in Norddeutschland, bis auf wenige Ausnahmen, nie Herzensprotestanten gewesen, pragmatische Protestanten, staatsfreundlich, bis heute der alten Regel verpflichtet: Cuius regio, eius religio – der Herrscher bestimmt die Religion der Untertanen. Die frömmelnde Art ist sowieso nicht so richtig das Ding der Lutheraner. Ich merke selbst heute noch, wie manche Leute in Braunschweig trocken runterschlucken, wenn einer in seinem Vokabular zu fromm wird.

Lutheraner sind nicht gleich Lutheraner, das ist von Landschaft zu Landschaft verschieden. Das wird zum Beispiel spannend werden, wie meine Nachfolgerin mit den Braunschweigern zurecht kommt: Sie ist thüringisch sozialisiert und bringt natürlich eine andere Frömmigkeit mit.

Ihre Nachfolgerin lebt schon lange im Braunschweiger Land und war Referentin beim Bischof, der norddeutscher als norddeutsch ist. Wie bemerken Sie die andere Frömmigkeit?
Das merkt man schon bei den Vokabeln, die für Braunschweiger erklärungsbedürftig sind.

Welche Wörter zum Beispiel?
Nehmen Sie schon das Wort »fromm«. Wenn mich einer fragt »Sind Sie fromm?«, antworte ich »Ja«. Aber was ich unter Frömmigkeit verstehe, ist nicht vergleichbar mit dem, was einer in Eichstädt in Bayern oder in Spanien darunter versteht; da wird Frömmigkeit wie auch im pietistischen Sinn als Herzensfrömmigkeit verstanden oder geht in traditioneller Litanei auf. Doch die ewigen Marien-Litaneien sind eine Form von Frömmigkeit, die bezeichnen unsere Pietisten in der Lausitz oder in Württemberg überhaupt nicht als fromm. Auch funktioniert die Gleichsetzung von »fromm« und »kirchlich« nicht überall. Wo sind die Frommen kirchlich geblieben im Vogtland oder in den Tälern von Thüringen? Die haben sich in ihrer Geschichte von niemandem etwas reinreden lassen. Das prägt die Frömmigkeit.

Warum sind die Katholiken stärker immun gegenüber Diktaturen, sei es der Nationalsozialismus oder der Kommunismus? Im Eichsfeld beispielsweise haben weder die Nazis noch die Kommunisten die Menschen umkrempeln können.
Die Katholiken haben ihre eigene Hierarchie. Selbst die bayrischen Könige oder heute die Ministerpräsidenten legen sich nie mit Rom an, noch nicht einmal mit ihrem Erzbischof. Das ändert sich erst langsam, selbst Bayern kommt in der neuen Zeit an – auch wenn es dafür eines Ministerpräsidenten bedarf, der ein uneheliches Kind hat.

Dokumentation
Eine Weihnachtspredigt (von Joachim Hempel)

Liebe Christvesperer, »gepredigt und geglaubt«: Na dann mal los, möchte man nach all den vielen Weihnachten doch sagen, rufen, singen; na dann mal los, liebe Christvesperer, dann fangt mal an, das Himmelsbrot zu vespern. »Schwarzbrot des Glaubens« – also: gehaltvoll und gesund, bekömmlich für Leib und Seele. Und das ist ja schon was in diesen Zeiten, wo hinter manchem Etikett dann doch nicht so verträgliche Stoffe in jenen Mitteln lauern, die gemeinhin »Lebensmittel« heißen.

Das Geheimnis des Glaubens, von dem die Geschichte der Weihnacht berichtet, ist: Gott tritt in Vorleistung und wirbt um unser Vertrauen, der Schöpfer des Lebens begegnet dem Geschaffenen, dem Geschöpf mit nicht enden wollender Liebe, die mich – auf's Ganze der Schöpfung betrachtet – Winzling wertschätzt, achtet und Großes mit mir vorhat.

»Weißt du, wie viel Sternlein stehen an dem blauen Himmelszelt?« – wir haben das Lied zu einem Kinderlied gemacht, aber es ist genauso gut ein Lied für Große, Lange, Alte, für gestandene Typen und coole »Mir kann keiner«-Menschen: Denn wir wissen es nicht, wie viele Sterne, trotz all unseres Wissens.

Wir können das Leben nicht allein aus dem Vorfindlichen erklären, denn unser Leben ist doch mehr als die Summe unserer Taten und Erfolge, und mehr als die Summe unserer Untaten, Fehler und Schuld. Wir leben von Voraussetzungen, die wir nicht selbst geschaffen haben.

Darum brauchte es göttliche Offenbarung, damit uns deutlich und klar ist, wie das Ganze sich zusammenfügt zwischen »Geboren werden hat seine Zeit und Sterben hat seine Zeit«. Gottes schönste, handfesteste, anrührendste Offenbarung liegt in der Krippe, hat Hand und Fuß. Und das, was dieses Kind später als junger, umher wandernder Mann sagt und tut, hat wahrlich »Hand und Fuß«: Selig die Frieden stiften, sie werden Gottes Kinder heißen! Selig die Barmherzigen, sie werden Barmherzigkeit erlangen. Wie doch Lebenswirklichkeit sich präsentiert, wenn schon diese zwei, Frieden und Barmherzigkeit, den Ton angeben.

Mensch, Christvesperer, da fällt mir doch gleich ein ganzes Bilderalbum oder eine Bilderdatei ein, wo Szenen bewahrt sind, in denen mir Barmherzigkeit widerfuhr, in denen jemand mit mir nach allem Streit wieder seinen Frieden machte. Oder die zweite Seite der Lebensmedaille: Wo ich die Hand zur Versöhnung ausgestreckt habe nach all diesen Schmäh-SMS und bösen Worten hinten rum oder direkt ins Gesicht, – wo mich eine Hand sanft streichelte, als meine herbe Widerborstigkeit eigentlich für die kleinste Freundlichkeit keinen Raum mehr hatte.

Gottes weihnachtliche Offenbarung löst in Himmelshöhen den Jubel aller Engel und guten Mächte aus, von denen wir – wie Dietrich Bonhoeffer dichtet – wunderbar umgeben sind; und die, die es wahrlich nicht erwartet hatten, erhalten auf Erden Anteil an der schöpferischen Freude, die Gottes Botschaft auslöst: »Ehre sei Gott in der Höhe und Friede auf Erden – den Menschen, die guten Willens sind!«

Hirten und Herden haben's geglaubt, in die Welt getragen, und ob du's, Christvesperer, nun glaubst oder nicht, Gottes Wahrheit bleibt Gottes Wahrheit. Gut, dass die Botschaft der Nacht aus Bethlehem noch nicht verdunstet ist, sich kraftvoll und lebensfroh auch zur Heiligen Nacht heute zeigt, wieder gelesen, gepredigt und besungen wird, auf dass dem Gott, der ein Menschenfreund ist, vertraut und geglaubt wird. »Befiehl dem Herrn deine Wege und hoffe auf ihn, er wird's wohl machen.« (Ps 37,5) Auch mit dir! Offenbart, erschienen, gepredigt, geglaubt – von Gottes Geist getragen, in Gottes Herrlichkeit geborgen: Was für ein Fest und wir mittendrin.

Frohe Weihnacht!

15. Das Lutherjahr 2017: Die 98. These an der Kirchentür

Der Domprediger plädiert für eine selbstbewusste Feier, ohne dabei stets auf die römische Kirche zu schauen. Er schlägt vor, eine 98. These zu formulieren und an jede Kirchentür zu hämmern. In Braunschweig wird 2017 eine nordeuropäische Konferenz der Kathedralen tagen über »Menschenstadt und Autostadt – das himmlische Jerusalem«.

Ist das Lutherjahr 2017 eine Chance für die Kirche?
2017 – da bin ich im Ruhestand! Ich fand dieses Jubiläum schon in seiner Entstehung merkwürdig; ich war daran beteiligt, als wir in der EKD-Synode darüber diskutierten. Die Frage ist: Was soll eigentlich dieses Jubiläum werden? Ich war einer von denen, die gesagt haben: Wenn wir es machen, dann ist es das selbstbewusste Feiern unserer eigenen Existenz, es ist unser 500. Geburtstag als Kirchen der Reformation.

Den Geburtstag feiere ich gerne mit Gästen, aber ich lade mir nicht diejenigen ein, die mit mir diesen Geburtstag gar nicht feiern wollen, etwa die Römer, die sagen ja deutlich genug: Da gibt es für uns nichts zu feiern, da geht es um Kirchenspaltung. Ehrlicherweise muss man aber deutlich sagen, dass Trennungen zur Kirchengeschichte dazu gehören. Schon Petrus und Paulus gingen getrennte Wege, und die ersten Abspaltungen von der byzantinischen Reichskirche gab es schon Ende des 3. Jahrhunderts.

Entweder feiern wir 500 Jahre Reformation – oder wir lassen es bleiben. Keine Kirche kann sich von einer anderen sagen lassen, wie sie ihren Geburtstag feiern soll.

Sie sprechen mehr von der katholischen Kirche als von Ihrer eigenen!
Wir waren als Initiatoren nicht selbstgewiss, und wir sind es immer noch nicht. Wir haben zu sehr die ökumenische Perspektive eingenommen statt selbstbewusst erst einmal nur unsere eigene. Wenn wir dies Selbstbewusstsein nicht schaffen, dann rate ich: Lasst es sein!

Meine Idee war: In allen evangelischen Kirchen auf der ganzen Welt wird 2017 zur selben Uhrzeit eine einzige These angeschlagen, die wir noch bedenken können. Eine einzige These, das ist dann die 98. These: »Gott liebt diese Welt und ganz besonders auch dich, Mensch!« zum Beispiel – und auf einen Glockenschlag hämmern alle Pastoren und Kirchenvorsteher diese These an die Tür ihrer Kirche.

Was planen Sie im Lutherjahr im Braunschweiger Dom?
Der Dom führt 2017 die NECC-Konferenz, die »Northern European Cathedral's Conference«, in Braunschweig durch, weil unsere englischen Kollegen gesagt haben, in dem Jahr würden wir gerne in Deutschland tagen; dieses Jahr tagen wir in Uppsala, letztes Mal waren wir in Riga und das nächste Mal tagen wir in Kopenhagen. In diesen Konferenzen sind gut hundert Kathedralen vertreten; Braunschweig ist eine der wenigen deutschen.

Unser Thema wird wahrscheinlich sein: »Menschenstadt und Autostadt – das himmlische Jerusalem«. Wir wollen sprechen über eine Stadt als Paradies-Perspektive. So etwas haben wir in unserer Region: Die mittelalterliche Stadt war der irdische Versuch, das himmlische Jerusalem zu kopieren. In der Nachbarschaft Braunschweigs haben wir von VW die Autostadt; sie heißt so, weil das Auto im Mittelpunkt der Stadt steht. Das ist neu: Bisher war Stadt der Inbegriff von Menschen. Da trifft es sich gut, dass Otto Wachs, der Chef der Autostadt, in diesem Jahr im Dom die Bürgerpredigt am Reformationstag hält.

Diese Konferenz ist unser Beitrag, um nochmal deutlich zu machen: Lutherische Tradition in Europa hat erhebliche kulturelle Leistungen gebracht. Sie war eine Stadt-Bewegung des Bürgertums. Wir vergewissern uns noch mal, wie der lutherische Weg in die Zukunft gebaut werden soll.

Und die Römer? Die haben doch gerade schöne Kathedralen gebaut.
Die römisch-katholische Kirche sollte auf der Einladungsliste der NECC stehen, deren Geschäftsführung liegt aber zur Zeit in englischen Händen. Wir wollen aber auch die uns verbundenen »Heinrich-der-Löwe-Dome« in Ratzeburg, Lübeck und Schwerin einladen.

Dokumentation
Luther und der Papst

Vier Thesen von Domprediger Joachim Hempel und ein Disput mit dem katholischen Erfurter Bischof Joachim Wanke

Nichts ist umstrittener zwischen Katholiken und Protestanten als das Amt des Papstes. Vor dem Besuch von Papst Benedikt XVI. im Stammland der Reformation im September 2011 debattierten in Mühlhausen der katholische Bischof von Erfurt, Joachim Wanke, und Domprediger Joachim Hempel über Luthers Verhältnis zu Rom. Die *Thüringer Allgemeine* organisierte den »Luther-Disput« nach den Regeln mittelalterlicher Disputationes. Zuvor veröffentlichte Joachim Hempel seine Thesen in der Zeitung.

Was war und was ist für Sie die Rolle und Aufgabe des Papstes?
Die Rolle gründet kirchengeschichtlich im Amt des Bischofs von Rom als Nachfolger der Apostel Petrus und Paulus. Von Beginn an gibt es Ausein-

In die voll besetzte Mühlhäuser Marienkirche lud die *Thüringer Allgemeine* 2011 zum Luther-Disput über den Papst in Rom: Der Domprediger (rechts), Erfurts Bischof Joachim Wanke (links); Pfarrer Seidel und TA-Chefredakteur Raue moderierten. (Foto: TA).

andersetzungen: Weder die orthodoxen Kirchen des Orients noch des griechisch-slawischen Raums haben je den Papst als Oberhaupt akzeptiert. Die Entwicklung des Heiligen Römischen Reiches hat dazu geführt, dass nur im Abendland ein Primat des Papstes anerkannt wurde. Die reformatorische Bewegung war in Europa nicht die erste, aber eine folgenreiche Weg-von-Rom-Bewegung.

Persönlich muss ich bekennen, dass der Papst für mich lange keine Rolle spielte. Allerdings ist durch den Menschenfreund Johannes XXIII., das II. Vaticanum und die mediale Welt der Papst immer stärker in der Öffentlichkeit präsent.

Wo sehen Sie den Kern von Luthers Kritik am Papsttum?
Für Luther ist das Studium der Heiligen Schrift Zentrum allen Tuns. Wer die Bibel liest, ist vor Überraschungen nie sicher. Gottes Wort ist lebendig und nicht toter Buchstabe. Luther entdeckt bei seinen Studien zunehmend einen Dissens zwischen der guten Botschaft, also dem Evangelium, und der kirchlichen Praxis. Er wehrt sich folgerichtig gegen jeden Zwang und jede materielle Instrumentalisierung, insbesondere in Bezug auf das Sakrament von Buße und Beichte. Gegen eine wohlhabende, verweltlichte und ihren eigentlichen Aufgaben entfremdete Kirche und gegen die nicht vorhandene Bereitschaft der Kurie zu biblisch fundierter Disputation richtet sich Luthers Kritik. Luther lehnt den Papst und die kirchliche Hierarchie als letzte Instanz in Glaubensfragen ab.

Wie wird die reformatorische Papst-Kritik in Ihrer Theologie und Kirche aufgenommen?
Seit dem II. Vaticanum sind die Kontakte und Gespräche zwischen den lutherischen Kirchen und der römisch-katholischen Kirche auf hohem Niveau intensiviert worden. Zu Recht stehen dabei theologische Fragen der Exegese biblischer Texte und der kirchlichen Lehre im Mittelpunkt – wie zum Beispiel die Rechtfertigungslehre. Das Papstamt nicht. Es ist ein Amt der römischen Kirche. Diesem Amt und seinem Inhaber ist mit Respekt zu begegnen. Eine Anerkennung im Sinne kirchlicher Oberhoheit oder letztgültiger Autorität steht für Kirchen der Reformation nicht an. Insofern ist auch keine Diskussion über organisatorische Einheit – etwa zurück nach Rom – erkennbar. Die Einheit der einen, allgemeinen und apostolischen Kirche ist keine organisatorische Herausforderung.

Wie wichtig ist das Papstamt für die heutige Debatte zwischen den christlichen Kirchen und den Weltreligionen?
Die Kernfrage ist die Frage des priesterlichen Amtes. Solange der Papst den ordinierten Pfarrern und Pastoren, Pfarrerinnen und Pastorinnen der Kirchen der Reformation nicht das priesterliche Amt zuerkennt und von kirchenähnlichen Glaubensgemeinschaften spricht, werden wir im Kern der Einheit nicht näherkommen.

Außerdem geht es um die Frage: Wann ist die römische Kirche bereit, die Exkommunizierung Martin Luthers von 1521 aufzuheben und den Bann gegen ihn und seine Nachfolger für beendet zu erklären? Luther gemeinsam als Lehrer der Kirche zu würdigen ist ein Schritt in die richtige Richtung. Im interreligiösen Dialog ist der Papst ein äußerst wichtiger Vertreter der Christenheit. Je einiger die christlichen Kirchen sind, desto größer wird ihre Ausstrahlungskraft sein.

* * *

Der Luther-Disput in Mühlhausen

Bischof Joachim Wanke: Das Papstamt hat sich aus den Bedürfnissen der Kirche entwickelt. Es hätte sich nie durchgesetzt, wenn es nicht eine echte Aufgabe gehabt hätte: die Kirche in den Wirren der Zeit zu bewahren.

Domprediger Joachim Hempel: Lieber Bruder Bischof, wir müssen deutlich machen, dass dies Papstamt noch nie in der Geschichte für die Einheit der Christenheit stand. Die ist ein Wunschgebilde. Die alt-orientalischen Kirchen in Syrien, Ägypten, Äthiopien und Armenien, die es schon seit dem 4. Jahrhundert gibt, haben den Papst in Rom nie als einen, der für alle spricht, angesehen. Ich bin davon überzeugt, dass es mittelfristig leichter sein wird, mit Lutheranern voranzukommen, als mit dem Papst der Kopten in Kairo oder Alexandria.

Bischof Wanke: Ich glaube, dass im Weltprotestantismus die Einsicht wächst, ein universales Leitungsamt wie das des Papstes zu haben. Die lutherische Kritik am Papstamt gleicht inzwischen der innerkatholischen Kritik.

Domprediger Hempel: Ich stimme Bischof Wanke zu. Es war nicht Luthers Idee, sich von Anfang an gegen den Papst zu wehren oder sich mit ihm auseinanderzusetzen, sondern es ging ihm um die Erkenntnis, die er beim Studium der Bibel gewonnen hat. Darüber wollte er heftig streiten. Wenn sich Luther und der Papst getroffen hätten, wäre manches, was wir hier heute tun, nicht mehr nötig.

Wanke: Sie haben Recht. Die Reformation ist eine Geschichte verpasster Gelegenheiten. Und da trägt die Schuld auch die römische Seite. Bei Luther komprimierte sich alles und fand eine befreiende Öffnung. Darin ist Luther ein Lehrer des Glaubens. Er war besorgt, dass die Heilige Schrift nicht unter das Papstamt gestellt werden darf. Da hat die katholische Kirche bis in die Gegenwart das Erbe der Reformation übernommen. Denn das Wort der Heiligen Schrift hat einen ganz anderen Stellenwert.

Hempel: Für die Menschen stellt sich nicht die Frage, ob sie einen Papst brauchen, um unsere Kirchengemeinden weiterleben zu lassen. So ist es nicht unsere Frage, ob wir auf der EKD-Synode 2016 einen Beschluss fassen, ob wir zurück nach Rom wollen. Das wird es nicht geben.

Wanke: Wir gehen auf das Zeitalter des Weltgesprächs der Religionen zu. Es stehen die asiatischen Religionen vor der Tür. Neben Judentum und Islam werden wir uns fragen, was das Profil des Christen ist. Da wäre es gut, nicht nur eine sich streitende Theologenzunft zu haben, sondern einen Sprecher der Christenheit. Ich denke, dass es in der Heiligen Schrift genügend Anhaltspunkte gibt, die einem aufrechten Lutheraner nicht verwehren zu überlegen, wie dieser weitergehende Petrusdienst heute aussehen würde. Man muss die Zeichen der Zeit erkennen. Und wir müssen uns auch mit den modernen Phänomenen wie Zölibat oder Homosexualität beschäftigen.

Hempel: Auch wenn das freundlich formuliert ist, dürfen wir die Stolpersteine nicht vergessen. Was bin ich für Sie? Ich bin ordinierter lutherischer Theologe, habe Theologie studiert und einen wunderschönen Dom. Aber ich kann nicht erkennen, dass ich mir sagen lassen muss: Du bist nicht ganz in Ordnung. Da sind wir bei der Frage, wie verhält sich ein möglicher Petrusdienst zu Pfarrerinnen. Sie betreffen den Kern der Situation, was wir als lutherische Amtsträger in Ihren Augen sind. Ich wünschte mir auch ein Wort der Befreiung und nicht nur immer eins, das uns in die zweite Reihe stellt.

Ich bin es nach so vielen Jahrzehnten leid, dass mir auf der einen Seite mit Freundlichkeit begegnet wird, dass wir vieles gemeinsam tun können, aber auf der anderen Seite immer ein kleines Extra besteht. Mein Amt am Altar ist ein priesterliches Amt.

Wanke: Ich finde die Bitte von Johannes Paul II. sehr schön: Helft mir, mein Amt als Petrusnachfolger so auszuüben, das es für alle Christen akzeptabel ist. Ich schlage vor, dass die Protestanten 2017 ein großes Dokument Dominus Jesus schreiben, das auch wir Katholiken mit Freude unterschreiben können. Das Grundelement der Kirche ist Jesus Christus. Wir brauchen 2017 keine Lutherverherrlichung. Das, was Luther umgetrieben hat, das muss zur Sprache kommen.

Hempel: Ich glaube nicht, dass Sie 2017 eine Lutherverehrung befürchten müssen. Man muss von beiden Seiten Signale aussenden, und 2017 kann ein gemeinsames Datum sein. Aber wir brauchen auch ein Zeichen, ein Symbol, an dem deutlich wird, was wir in der Zwischenzeit geschaffen haben.

16. Abschied nehmen und Sterben

Wer mächtig ist und einflussreich, der tut sich schwer mit dem Abschiednehmen. Aber irgendwann ist eben das Maß voll. Zudem ist die Qualität des Alterns nicht mitgewachsen mit der Quantität des Alterns. Zum Schluss sprechen wir über das Sterben: Sterben wir so, wie wir gelebt haben? Ja.

Sprechen wir über das »Abschied nehmen«.
Das ist, mindestens von heute aus betrachtet, wesentlich leichter und schöner, als viele das beschrieben haben.

Haben die meisten Menschen Angst vorm Abschiednehmen?
Ja. Abschied bedeutet immer »Tränen und Sehnsucht« – ob die Kinder aus dem Haus gehen, du in den Ruhestand verabschiedet wirst, ob du willst oder nicht, oder ob es sich um die vielen kleinen Abschiede handelt.

Aber Abschied nehmen wird zur Zeit als große politische Wohltat angepriesen: Die Rente mit 63. Offenbar fiebern ihr plötzlich alle entgegen.
Die Rente mit 63 ist nur eine Möglichkeit – aber ehrlich: Wer hat 63 gegriffen und nicht 67 oder 58? Wenn es nicht die Gesetzeslage für mich gäbe, könnte ich mit 65 noch ein oder zwei Jahre weitermachen. Ich habe nicht das Gefühl, dass ich nicht mehr kann. Allerdings macht das den Abschied leichter: Ich gehe nicht und trage den Kopf unterm Arm.

Allerdings gibt es auch im Beruf so etwas wie »alt und lebenssatt« – nicht nur wie bei Abraham, wenn du ein biblisches Alter erreicht hast. Man kann über mich vieles sagen: Aber dass ich nicht gearbeitet hätte, das kann man nicht sagen. Und ich finde: Ich habe genug gearbeitet.

Manche sagen: Sie haben eher zu viel gearbeitet als zu wenig.
Danke! Über 600 Taufen, weit über 600 Hochzeiten, über 650 Beerdigungen, gepredigt, oft jeden Tag und noch viel mehr. Ja, es ist genug – im Sinne von gefüllter Zeit. Es war von allem ein gerüttelt Maß. Irgendwann ist so ein Maß auch voll.

Warum fällt vielen Menschen, die öffentlich wirken, der Abschied so schwer?
Das ist der Verlust der öffentlichen Bekanntheit, die spielt für viele eine große Rolle. Die Alternative danach, Rasenmähen oder Schmetterlinge identifizieren, die macht ihnen Angst. Die Fallhöhe ist zu groß: Man möchte doch gerne noch Macht und Einfluss behalten, ein bisschen wenigstens – und sie machen den Jüngeren nur das Leben schwer.

Ich habe so viel von der Bedeutung gehabt, dass ich mir auch das Gegenteil vorstellen kann. Ich möchte nicht zu den alten Männern gehören, die mit sich selber nichts anfangen können. Zu denen gehöre ich nicht: Ich habe mein Leben von Kindheitstagen an selbst in die Hand nehmen müssen; ich musste mein Studium selber finanzieren; ich habe viele Sachen aus eigener Initiative gemacht. Das wird mit mir glücklicherweise in den Ruhestand gehen; ich weiß durchaus etwas mit mir anzufangen!

Im Alten Testament wie heutzutage noch in einigen afrikanischen Gesellschaften sind die Alten die Weisen: Die Jungen verneigen sich vor ihnen und suchen um ihren Rat nach. Bei uns kommen die Alten nur als demographischer Faktor vor und als Belastung der Sozialsysteme. Warum nur sind wir derart abgestürzt?

»Kirche im Grünen«: Im Mai 2007 spaziert Joachim Hempel, betend und singend, über den Dom-Friedhof.

Wir haben uns viel zu sehr auf die pharmazeutische Industrie und auf die Wissenschaft der Medizin verlassen. Alter ist für uns eine Quantität geworden. Die Qualität des Alters ist nicht mitgewachsen mit der Quantität. Das Alter ist eine Ressource in der Gesellschaft und auch in der Kirche. Wir haben keine adäquate Antwort beispielsweise auf die Frage: Was machen wir mit den emeritierten Pfarrern, die noch fit sind?

Auf der einen Seite legt die Landeskirche Pfarrstellen zusammen und spart Stellen ein, auf der anderen Seite kommt sie trotz meiner Anregung nicht auf die Idee, einen Kreis dieser Emeritierten zusammenzutrommeln und zu sagen: »Geht in die Kirchen, wo kein Pastor mehr am Sonntag Gottesdienst halten kann! Kann doch mal einer von euch hingehen! Wir schauen mal, ob da drei kommen oder vier oder fünf oder doch mehr. Wenn keiner kommt, kannst du trotzdem ein ›Vater unser‹ beten und die Glocke läuten.« Aber auf so eine Idee kommen sie im Landeskirchenamt nicht.

Ein Pfarrer wie Sie hat eine wertvolle Erfahrung, die nur wenige Menschen haben: die Erfahrung des Sterbens. Sie haben viele Menschen im Sterben begleitet, ihnen zugehört, sie getröstet. Wie ist das – Sterben?
Ich erinnere mich an Merkwürdiges, das ich in Thüringen erlebt habe. Was in Braunschweig überhaupt nicht mehr üblich war, sah ich in unserer Familie in Waltersdorf: Die verstorbene Tante wurde aufgebahrt im Haus, das ist ein alter Brauch.

Der Tod ist für mich ein Lebensbegleiter gewesen. Es hat bei den vielen Beerdigungen schreckliche Situationen, sehr bewegende und berührende Momente gegeben, die mich emotional an den Rand meiner Möglichkeiten gebracht haben. Bei manchen Beerdigungen musste ich aufpassen, dass ich nicht selber ausglitt, bei der Trauerfeier oder am Grab. Aber im Grunde genommen gelten die ersten Zeilen des Luther-Gedichts: »Mitten wir im Leben sind mit dem Tod umfangen.« Das ist ein Thema im Alltag eines Pfarrers.

Sie haben gesehen, wie Menschen sterben, Menschen, die Sie zuvor in der ganzen Pracht ihres Lebens erlebt haben. Sterben Menschen so, wie sie gelebt haben?
Ja, ja, ja. Diejenigen leiden zum Schluss am meisten, die sprachlos versucht haben, ihr Leben zu managen – abgeschnitten von ihren eigenen Empfindungen, die seelisch leiden und nicht mit sich im Reinen sind; die sich selbst immer nur intern zum Thema gemacht haben und nie auch nur andeutungsweise mit irgendjemandem über ihre Gemütsverfassung gesprochen haben. »Immer nur lächeln und

immer vergnügt – denn wie's da drinnen aussieht, geht niemand was an« – das reicht fürs Theaterspielen, vielleicht als Operette – das reicht nicht zum Leben und erst recht nicht zum Sterben.

Ich habe beneidenswerte Menschen erlebt, die mich gebeten hatten, ans Sterbebett zu kommen, und die gesagt haben: »Schlagen Sie mal bitte das Gesangbuch auf« oder: »Pastor, mach mal das Gesangbuch auf, Nummer so und so – lies mal!« Und die dann mit der Stimme, mit den Lippen das mitgesprochen haben, was ich ihnen vorgelesen habe.

Ich werde nie vergessen: Eine bulgarisch-orthodoxe Frau lag im Sterben, ihr Mann war schon lange tot, kein Mensch war da, der für sie zuständig war; sie kam immer zu mir in den Gottesdienst, dem lutherischen Pastor. Ich ging zu ihr ins Krankenhaus, das weiß ich noch: Sie sagte nur: »Psalm 37«.

Die Urne eines ertrunkenen Sohnes kam aus Finnland nach Riddagshausen. Ich bin mit der Mutter, die Urne unterm Arm, den ganzen Klostergang gegangen, ich bin mit ihr in die Frauenkapelle gegangen, um die Urne aufzustellen. Da bleibst du auch als Pfarrer nicht ruhig.

Aber auch Ihre Journalisten-Kolleginnen und -Kollegen haben mir die Trauerfeier nie leicht gemacht.

Sterben Journalisten schwer?
Journalisten sterben schwer, weil sie zu denen gehören, die alle Tiefen des Lebens kennen oder mit ihnen nicht fertig werden. Sie fangen dann komische Beziehungen an, die nur Scherben hinterlassen.

Und wie sprechen Sie am Grab über öffentlich bedeutende Leute, die in ihrem Leben manch krumme Wege gegangen sind.
Ich gehe jedes Mal über den schmalen Grat: Was würdigst du? Was verschweigst du? Insofern waren Sterben und Tod etwas, was zu meinem Alltag gehörte, stets Teil meines Pfarrerlebens war. Ich habe in diesen Sterbefällen der letzten 40 Jahre das ganze Desaster der Nazizeit aufgearbeitet: In den letzten Atemzügen kamen endlich die niemals ausgesprochenen Familiengeschichten hoch. Etwas musste unbedingt noch erzählt werden: »Damals im Warthegau, wo wir ein großes Grundstück hatten …«

Aber christlicher Gottesdienst ist nicht eine Würdigungsgedenkfeier für Leistungen eines Menschen. Vor Gott sind wir »Alles in Allem«; Rollen und Maskerade, Wichtigtuerei und sogenannte Erfolge werden im Angesicht Gottes mit unseren Fehlern, unserer Schuld, unseren Untaten zurechtgerückt: Der ganze Mensch eben. Da geht es nur noch um Gnade und Erbarmen!

Joachim Hempel – Leben und Wirken in Zahlen

Geboren: 16. März 1949 in Braunschweig
Schule: NO (Neue Oberschule), Abitur 1968
Studium der Theologie: Neuendettelsau (1968/69), Marburg (1969–1971), Göttingen (1971–1973), Examenssemester: Sommer 1973
Heirat mit Gisela: 1972
Vikariat in der Braunschweigischen Landeskirche: Äthiopien (1973–1974) und St. Martini (1975–1976)
Pfarrer in Riddagshausen: 1976–1987

Taufe an der Oker 2009

Pressesprecher der Landeskirche: 1987–1992
Domprediger: 1992–2014
Stellenbeschreibung Domprediger in Braunschweig
Verantwortlich für die Gesamtorganisation und die inhaltliche Ausrichtung der Arbeit am Braunschweiger Dom, wobei der Konzeption und Umsetzung der »City-Kirchen-Arbeit« besondere Bedeutung zukommt. Darunter fallen:
- gottesdienstliche und liturgische Angebote
- die Verbindung und Abstimmung mit dem Landesbischof, dessen Bischofskirche der Braunschweiger Dom ist
- die Zuständigkeit für alle hauptamtlichen, nebenamtlichen und ehrenamtlichen Mitarbeiter
- die Schulung ehrenamtlicher Mitarbeiter vor allem im Bereich der Touristen- und Besucherarbeit
- die Pflege ökumenischer Kontakte
- die Leitung der »Studien und Fahrten am Dom«
- die Bibelschule
- die Öffentlichkeitsarbeit
- Synodaler der Landessynode der Ev.-luth. Landeskirche in Braunschweig
- Synodaler der Propsteisynode Braunschweig

Gottesdienste (seit Vikariat 1973): ca. 1.900
Taufen: 620
Trauungen: 520
Beerdigungen: 550
Konfirmationen: 37

Fürstlicher Besuch im Braunschweiger Dom 2000: Herzog und Herzogin von Braunschweig-Lüneburg, besser bekannt als Erb-Prinzessin Caroline von Monaco und Prinz Ernst August von Hannover

Studienfahrten: 75
Rundfunk-Gottesdienste: 5
TV-Gottesdienste: 3
Worte zum Alltag (5-Minuten-Abendandacht): 2.800
Kurzandachten »Auf ein Wort« in Riddagshausen: 218

Synoden

Propsteisynode Braunschweig 1977–1987, 1992–2014; Vorsitzender des Bauausschusses, des Ältesten- und Nominierungsausschusses
Landessynode der Landeskirche 1993–1996; 2007–2013; Vorsitzender des Ausschusses Ökumene, Mission, Diakonie
Synode der EKD 1997–2008

Die Bibelschule des Dompredigers

602 Stunden mit gut zweitausend Zuhörern, jeweils Mittwoch um 18 Uhr
Die Themen:

1. »Ägypten« in der Bibel, religionsgeschichtliche und literaturgeschichtliche Aspekte (1991/92)
2. Auf den Spuren Abrahams vom Zweistromland nach Syrien (1993/94)
3. König Salomo und die Königin von Saba – Israel und seine Beziehungen zum Morgenland zur Zeit Davids und Salomos (1994/95)
4. Die Pilgerreise Heinrichs des Löwen ins Heilige Land 1172 (1995)
5. ... und sie brachten Gold, Weihrauch und Myrrhe: Zu Religion und Kultur entlang der Weihrauchstraße. Von den Sabäern bis zu Mohammad, dem Propheten (1995/96)
6. Zur Geschichte des Siebenarmigen Leuchters im Braunschweiger Dom – oder Israel im babylonischen Exil: Religionsgeschichte Israels in alttestamentlicher Zeit (1996)
7. Nil, Euphrat und Tigris, Indus – Ströme des Paradieses: Vergleichende Religions- und Kulturgeschichte der großen Hochkulturen des Alten Orients (1997/98)
8. Die Nabatäer – Israels Nachbarn östlich des Jordan: Zur Kultur- und Religionsgeschichte zwischen Orient und Okzident (1998/99)

Der Domprediger auf einer omanischen Bergfestung in der Wüste Wahiba-Sands.

9. Ägypten – Zur Kultur- und Religionsgeschichte des Landes am Nil und seiner Bedeutung in den Schriften des Alten und Neuen Testaments (1999)
10. Zur Entstehung des Islam: Kultur- und religionsgeschichtliche Anmerkungen sowie Einführung in Grundkenntnisse (2000)
11. Über den Tellerrand geschaut – das Volk Israel und seine Nachbarn (2001)
12. Zur Kultur- und Religionsgeschichte des Vorderen Orients von Abrahams Sippe in Haran bis zur Besatzung des Golan in unseren Tagen (2002–2003)
13. »Ausländer« in der Bibel – wie Israel zu seiner Identität findet und sein Verhältnis zu den Nachbarn gestaltet (2003)

14. Der Dom – Bilderbuch der Geschichte: Religionsgeschichtliche, theologische und kunstgeschichtliche Anmerkungen zum Bau Heinrichs des Löwen vom 17.–20. Jahrhundert (2004)
15. Der Nil – Paradies-Fluss: Kulturen des Alten Orients (2005)
16. Tempelbauer und Seefahrer – kamen sie aus der Wüste? Zur Religions- und Kulturgeschichte der Phönizier (2006)
17. Biblische Geschichte am Ende der Welt: 4.000 Jahre Kultur- und Religionsgeschichte Äthiopiens (2007)
18. Vom Glauben der Väter und Mütter in wahrhaft biblischen Zeiten: Zur Religionsgeschichte des Volkes Israel und zur Glaubensgeschichte von Juden, Christen und Muslimen (2008)
19. Der Braunschweiger Dom: Zur Bau-, Kunst- und Religionsgeschichte 1172–1226 – und ein Ausblick auf spätere Veränderungen (2009)
20. Auf gute Nachbarschaft: Israel und seine Nachbarn in alttestamentlicher Zeit, vom wandernden Gottesvolk zu Salomos Herrlichkeit (2010)
21. David und Salomo – Israels goldene Zeiten? (2011)
22. Pflanzen der Bibel – Zur Symbolik im Alten und Neuen Testament (2012)
23. Orte der Bibel – Geographie eines weiten Horizonts: Kamen sie aus der Wüste? (2012)
24. Welt und Umwelt des Alten Testaments: Eine Bestandsaufnahme vom Nil bis zum Indus (2013)

Journalisten über Joachim Hempel

Zum 65. Geburtstag des Dompredigers am 16. März 2014 gab die *Braunschweiger Zeitung* eine Sonderausgabe heraus, die an die Gäste des Festgottesdienstes verteilt wurde. Daraus sind auszugsweise die folgenden Texte entnommen.

Der gute Hirt

Von Armin Maus, Chefredakteur der Braunschweiger Zeitung *und Mitglied der Domgemeinde*

Manche unterstellen ihm übergroßes Geltungsbedürfnis. Wie der Domprediger selber nehmen wir's im Geiste der Nächstenliebe hin. Denn die je nach Lichteinfall

BZ-Chefredakteur Armin Maus schenkt dem Domprediger zu seinem 65. Geburtstag eine Sonderausgabe der *Braunschweiger Zeitung.*

neidgelb bis missgunstgrün schillernden Nasenspitzen zeugen vom Leiden solcher Menschen.

Einen wie Hempel muss man als weniger Begabter erst mal aushalten. Seine Predigten spielen im wahren Leben, sie kommen auf den Punkt. Sein Vortrag ist so mächtig, dass der Dom stets voll und das Interesse in Stadt und Land an seinen Themen groß ist.

Er hat etwas zu sagen, und er weiß, wie man es macht. Joachim Hempel beherrscht die große Bühne, er versteht sich auf Stil und Rahmenfragen. Und er spielt seine Rolle als – wie er es nennt – »Hausverwalter« des Doms in einer Weise, die die Menschen erreicht.

Wie ich haben Abertausende die Wirkung des Dompredigers ungezählte Male erleben können: Sie verfehlt weder den Bundespräsidenten noch den Obdachlosen, der im Gottesdienst seinen Platz mitten in der Domgemeinde findet. Wer so arbeitet, der erregt Aufmerksamkeit, erntet Beifall und Zeitungsschlagzeilen, aber auch das Misstrauen derer, die den Menschen weniger zugetan sind, die weder die Gabe noch den Willen haben, viele Menschen zu bewegen.

Wenn man Joachim Hempel aus der Nähe erlebt, sieht man klarer und begreift, dass dieser Mann nicht Showman, sondern charakterfester Vertreter seines Glaubens und seiner Überzeugungen ist. Dabei macht es keinen Unterschied, ob er bei einem Festtagsgottesdienst vor über tausend Menschen steht oder vor einer kleinen Taufgesellschaft mit einer Handvoll Teilnehmern. Immer sind sie seine Gemeinde. Diese Gemeinde scheint für ihn in diesem Augenblick das einzig Wichtige auf Erden zu sein. Das spürt jeder – ganz hinten bei der Orgel oder ganz vorne bei Heinrich und Mathilde. Und deshalb nimmt jeder, willig oder widerstrebend, die frohe Botschaft auf, die ihm Joachim Hempel zu geben hat.

Wenn ich an das Gleichnis vom guten Hirten denke, dann sehe ich diesen Mann vor mir. Er ist einer, der sich kümmert, der führt und behütet, mit dem Wort der Bibel gesprochen: Er ist ganz sicher kein »Mietling«, der die Menschen im Stich ließe. Hempel wirkt, mit und ohne Domprediger-Amt.

* * *

Hempel macht seine Begabung zum Geschenk für seine Mitmenschen

Von Harald Wahls, Verleger der Braunschweiger Zeitung *und einer der großen Medien-Manager in Deutschland*

Der Mann hat eine große Begabung. Dieser Satz wird häufiger gesprochen, doch selten hat er so große und eindeutige Berechtigung wie bei Joachim Hempel. Er überzeugt – natürlich – durch seine kraftvolle, geschulte Stimme, durch seine Gedanken, die immer mit dem Leben der ganz normalen Menschen zu tun haben und gerade deshalb zielsicher zu den wichtigen Grundfragen führen.

Vor allem aber ist es Joachim Hempels Haltung, die ihn von vielen Akteuren auf der gesellschaftlichen Bühne und auch von nicht wenigen seiner Kollegen unterscheidet. Er ist ein aufrechter Verfechter seines Glaubens und seiner Überzeugungen, er mischt sich ein und behält unbeugsam einen geraden Rücken, wenn sich andere vor Macht, Status und schierer Rücksichtslosigkeit beugen.

Joachim Hempel genießt in Braunschweig und der Region hohen Respekt – vielleicht gerade auch, weil er den Mut besitzt, sich unbeliebt zu machen, unbequem zu sein. So einen braucht Braunschweig. Er ist eben ein Mann, der seine Begabung zum Geschenk für seine Mitmenschen macht.

* * *

Ein Brückenbauer

Von Stefan Hans Kläsener, Chefredakteur der Westfalenpost *in Hagen und designierter Chefredakteur des* Flensburger Tageblatt*; er war zuvor stellvertretender Chefredakeur der* Braunschweiger Zeitung

Der Worte Macht beherrscht nur der Gebildete. Der Umkehrschluss ist unzulässig: Viele Gelehrte sind öde Redner, und wenn sie schreiben, raschelt staubtrockenes Papier. Ein wirkmächtiger Redner aber muss klug sein, denn niemals kann überzeugen, wer nicht zuvor selbst Rechenschaft abgelegt hat von dem, was er sagen will und als Gesagtes auch verantworten kann.

So viel zum Prediger Hempel, der stets mit Lust auf die Kanzel tritt und als würdiger Nachfahre Luthers frei aus Herz und Verstand das Maul auftut. Die Leidenschaft für das gute Wort, die Zuneigung zum Beifall der Menschen kann aber auch verführen: Dann gilt die Pointe mehr als die Botschaft, und um des Witzes willen lässt der Prediger die feinen, kleinen Unterscheidungen fahren. Diese Versuchung kennen auch Journalisten: Die schöne Schlagzeile lassen wir uns ungern von den Tatsachen zerstören, und es gehört Charakter dazu, das Entlastende bei einem skandalisierten Menschen zu finden, über den doch unisono alle dasselbe zu denken scheinen.

Der Heilige Franz von Sales, ein wortmächtiger Mann der Gegenreformation, hat sich der Flugschrift bedient, um sich in der calvinistischen Schweiz Gehör zu verschaffen. Deshalb ist er zum Schutzpatron der Journalisten geworden. Und sein Schaffen weist auch sonst viele Parallelen zu Martin Luther auf: Klare Sprache, unorthodoxes Denken, Liebe zu den Menschen.

Wenn also Joachim Hempel ein so löwenmäuliger Luther in seinem Kanzeltreiben ist, dann ist er den im Herzen brennenden Predigern anderer Konfessionen näher als den Oberlandeskirchenräten, deren blassgesichtige Theologie in Memoranden und Denkschriften gerinnt. Sie mögen ja ihre Zeit haben, aber sie treiben nicht, worum es eigentlich geht.

Damit hätten wir also Bildung, Klugheit und Leidenschaft als wichtige Wesensmerkmale eines Predigers. Fehlt noch die Seelsorge! Da wiederum werden nur diejenigen Joachim Hempel angemessen beurteilen können, die ihn auch abseits der Kanzel erlebt haben. Denn dieser weltgewandte, selbstgewisse Geistliche kennt nicht nur den Sende-, sondern auch den Empfangsmodus. Dann hört er dem widersprechenden Argument zu, versetzt sich in das Weltbild des Gegenübers und gewinnt dadurch Klarheit über sich selbst.

Darum sind Reisen mit ihm ein die Welt öffnendes Erlebnis: Er könnte morgen den Taliban geben und heute den orthodoxen Juden. Und den strammen Katholiken ohnehin seit gestern. Bliebe noch etwas, das in der Theologie entsetzlich selten ist: Humor. Damit ist nicht das schenkelschlagende Lachen gemeint. Gemeint ist die Kunst der feinen Selbstironie, der Relativierung all dessen, was man ernst, aber auch wiederum nicht allzu ernst nehmen sollte. Die größten Gräuel der Menschheit geschahen aus Unbildung und Humorlosigkeit, denn Grausamkeit verträgt keine Reflexion und keinen Witz, allenfalls Zynismus. Der aber ist der Feind des Humors.

Am Ende wäre zu sagen: Joachim Hempel ist ein würdiger Schutzpatron des geistlichen Wortes. Und an dem sich zu orientieren tut auch einem Journalisten gut.

* * *

Der Leidenschaftliche

Von Thomas Roth, stellvertretender Chefredakteur der Braunschweiger Zeitung

Selten gibt es einen Prediger, der sich auch in viele Dinge des normalen Stadtlebens so engagiert einbringt, der klare Kante zeigt, der niemandem nach dem Mund redet und der sich so für Dinge einsetzt, die ihm wichtig sind – egal ob es um die Hilfe für Äthiopien geht, den Gemeinsam-Preis, den Welfenschatz, den Hempel so gerne im Dom zeigen würde, oder ums Einkaufen an Feiertagen.

Wäre Hempel nicht jemand, der scharf, aber gut argumentiert, der leidenschaftlich ist, aber auch andere Meinungen akzeptiert, dieses Einbringen würde als Einmischung empfunden. Doch mit seiner Art gewinnt Hempel die Menschen – er ist nicht einfach, aber ehrlich.

Mir ist ein kleiner Satz in Erinnerung, der fiel, nachdem er sich über die Berichterstattung unserer Zeitung geärgert hatte: »Ich bin nicht für hintenrum.« Jeder, der Hempel nur etwas näher kennt, wird diesen Satz unterschreiben. Hintenrum – nein, das war und ist Joachim Hempel nicht. Und obwohl Hempel ein brillanter Redner ist – der Steuerrecht, Weihnachten und Bankenkrise zusammenbringen kann, ohne sich zu verheben –, er kann auch zuhören.

Wer nach Braunschweig kommt, muss Hempel nicht kennenlernen, er darf es. Und er wird dies schnell schätzen.

* * *

Ein Satz

Von BZ-Deskchef und Wortschatz-Kolumnist Harald Likus

Ich denke an Montag, 6. Juni 2011: »Gemeinsam«-Preisverleihung im Dom. Festliche Aufgeregtheit. Nun ja. Nette Leute. Doch ein paar hundert Meter entfernt hatte zwei Tage zuvor eine große Neonazi-Kundgebung ihren Ausgang genommen. Man kennt die quälenden Abwägungen, die damit verbunden sind: Wie viel Hass, wie viel Ungeist ist hinnehmbar? Wo sind die Grenzen der Meinungsfreiheit?

Dann die Polizei. Dann die Gegendemonstranten. Ja, auch Steine flogen. Inwieweit würde der Domprediger am Montag darauf eingehen? Gar nicht – oder doch ausführlich? Dann stand er auf und sagte genau einen Satz dazu: »Nach diesem Samstag hat diese Stadt diesen Montag verdient.« Joachim Hempel ist eben ein besonders guter Redner.

* * *

Ein erfundenes Interview zum 65.

Von BZ-Lokalchef Henning Noske

Lieber Herr Hempel, bereits zu Ihrem 60. Geburtstag hatten wir ein erfundenes Interview geführt. Lassen Sie uns doch …
Ihnen fällt aber auch wirklich nichts Neues ein. Aber machen Sie man.

Es heißt, nach Erreichen des 65. Lebensjahres scheiden Sie schweren Herzens aus Ihrem Amt.
Ich weiß nicht, wie Sie darauf kommen.

Hatten Sie denn zu irgendeinem Zeitpunkt vielleicht gedacht: Wenn ich doch noch einmal verlängern könnte …?
Ich habe mehrfach versucht, daran nicht zu denken.

Was wird Ihnen denn am meisten fehlen?
Wissen Sie, da ist so viel. Leben heißt jedoch auch loslassen zu können. Aber wenn ich schon gerade mit Ihnen hier gezwungenermaßen erfunden spreche, dann muss ich sagen: Am meisten werden mir die dienstlichen Gespräche mit den Journalisten fehlen.

Uns auch.
Na ja, wir könnten ja …

Wir sind einverstanden.
Es ändert sich also nichts?

Wie sollte es. Kann es sein, dass gerade Sie die Fragen stellen – und ich Ihnen antworte?

Ja, so ist es, Sie verdrehen ja auch immer alles.

Also zurück. Was wollen wir denn künftig miteinander besprechen?
Ich meine, wir sollten eine ...

Kein Problem. Dürfte ich Ihnen das aber dann freundlicherweise doch selbst antragen? Ich meine, ich käme ja durchaus auch von selbst drauf.
Worauf kommen Sie schon von selbst?

Na, einen Mann wie Sie nicht ziehen zu lassen, ohne ihn zu bitten, uns einmal in der Woche oder im Monat Gott und die Welt zu erklären.
Und wie nennen wir das?

Hempel! Mit Ausrufungszeichen.
Wie lautet die Antwort?

Das müssen Sie schon erfinden.
Ich habe jetzt den Überblick verloren.

Wie üblich bei Ihnen.
Ist das Ihr letztes Wort?

Nein, denn ich möchte Ihnen sehr persönlich für die Replik der Weiheplatte des Marienaltars im Dom danken. Sie hängt bei mir im Büro – und wenn es mal ganz dick kommt, dann macht sie mir klar, was auf Dauer zählt und was nicht.